仕事が速い人のすごい習慣&仕事術

残業せずに目標を達成する技術

浜口直太

PHP文庫

○本表紙図柄＝ロゼッタ・ストーン（大英博物館蔵）
○本表紙デザイン＋紋章＝上田晃郷

プロローグ

バカで弱い私でも目標を達成する方法が見つかった

この本は、自分が優秀ではないと思っている方々には、かなり参考にして頂けると思います。

なぜなら、著者である私自身が、高校を卒業するまで、何ひとつ誇れることも成し遂げたこともなく、まさにバカでダメ人間だったからです。

その私が残された人生を賭け、敗者復活戦で「さよならホームラン」を打つために考案したのが、本書で公開する仕事術です。

その仕事術を徹底的に実践したおかげで、夢にまで見た、世界最大級の国際会計・経営コンサルティング会社のニューヨーク本社に採用され、その後も速いスピードで昇進することができました。

そして目標通り、日本の大学を卒業してから10年後の32歳で米国にて独立し、国際経営コンサルティング会社を始めることができたのです。

ここに紹介した仕事術は、私と成功した友人たちが本当に実践している目標達成

のためのノウハウばかりです。

目標を達成するには、「仕事が速くなる」ことが不可欠だと痛感しますが、そのためのテクニックや考え方も盛り込みました。

お立場によって、すべて使えるとは思えませんが、できることだけでも実践されると、効果抜群であるとの自信があります。

何しろ、バカでダメ人間だった私が、実践し、目標を達成させてきたのですから。昔の私を知っている人からすると、これほど説得力のある話はないと思います。

私の仕事哲学のひとつに「1日に勝つ人は、一生に勝つ」というものがあります。〝1日に勝つ〟ためには、仕事を1日1日完結させなければなりません。

本書では、まさに朝、あなたが起きてから、夜寝るまでに何をすべきなのか、どう考えればいいかというポイントを具体的に説明しています。

この本を読んで実践されることで、ひとりでも多くの人が、仕事が速くなり、夢を叶えることができるようになって頂ければ、本当に幸せなことです。

私もこの仕事術に挑戦し続けます！

仕事が速い人のすごい習慣&仕事術　もくじ

残業せずに目標を達成する技術

第2章 起床後！ 1日をスタートさせる、やる気が倍増する習慣

第1章

目標が早く達成できる、20の習慣＆仕事術

1 朝に勝つ

▼今、朝に負けているなら、勝てるように手を打とう

仕事が速い人の共通点は、朝に勝っていることです。ここで言う〝朝に勝つ〟とは、まず朝早く起きて、早朝の時間を有効に使うことです。それによって、その日1日を勢いよく勝利でスタートするのです。

時間に追われるのではなく、時間を追うのです。

朝早く起きると言っても、人によって時間の差があることでしょう。できれば5時前に起きていることが望ましい。なぜなら、5時前に起きれば、出勤前に2時間位まとまった時間ができるからです。そうすれば、かなりの作業ができます。

人間は早朝が最も頭が冴え、集中力がありますから、朝早く起きて創造的なことをするのをおすすめします。たとえば、執筆する、事業計画を練る、企画や経営戦略を立てるなどです。

もし、今、朝に負けているようでしたら、勝てるように手を打たなければなりません。知人で毎週のように会社に遅刻している人がいます。遅刻しては後悔して、「これからは絶対に遅刻しないぞ！」と決意するのですが、また次の週に遅刻してしまいます。これを毎週のように繰り返しているのです。

「よく会社からクビにならないなあ」と周りの人は不思議に思っているようです。

遅刻の常習犯には共通の問題点があります。朝に負けているということです。つまり、朝早く起きることができないのです。

簡単に朝早く起きられる人は、そうはいません。朝に勝っている人は、皆、工夫しているのです。もっと言うと、**朝に勝っている人は、寝る際に、翌朝勝てなかったことに対する危機感を持っているのです。ですから、目覚めと同時にその危機感が蘇ってきて、自身の生活や行動に対する責任感へと転換します。**

朝に勝てる人は、朝早く起きないことが、その日1日の無責任なスタートとなり、どれだけ損をするかを無意識に理解しています。

朝に負けている人が、勝てるようになれば、驚くほど成果が得られるのを知っていますか？　私はそれを自ら体験しました。

私は高校を卒業するまで、遅刻の常習犯でした。しかし、大学に入学すると同時に朝に勝つことを一大決心し、大学や会社で、現在まで無遅刻を通し続けています。

私のような遅刻の常習犯が、なぜ遅刻をまったくしなくなったのか、みなさん不思議ではないでしょうか？

私の場合、目標を持ってから大きく変わりました。つまり、遅刻を続けていたころは、具体的な目標がなかったのです。

しかし、いったん「一流の国際経営コンサルタントになろう！」と目標を定めてからは、その目標に向かい、達成できなかったときの危機感を無意識のうちに持ちながら、全力で邁進《まいしん》していったのです。

ですから、朝に勝つためには、まず具体的な目標を持ってください。

2 人より早く、目標を具体的にする

▼目標は具体的であればあるほど、がんばりやすく効果が上がる

目標を達成するために、より早く、より具体的な目標を持つのは、当たり前のことです。そもそも目標が明確でなければ、何かを目指してがんばれませんから。

なんとなく、「お金持ちになりたいなあ」「頭がよくなりたいなあ」「成績を上げたいなあ」「仕事ができるようになりたいなあ」「人に好かれるようになりたいなあ」などと思っても、それらを具体的な目標に落とし込まなければ、漫然とした願望だけで終わり、がんばりようがありません。

とにかく具体的な目標を持たなければ、目指すことができません。努力しようがないのです。

ですから、努力するために、また、早く成果を出すために、より具体的な目標を立てましょう！　具体的であればあるほど、効果が上がります。

私の場合、能力や英語力が人より劣っていたにもかかわらず、早く目標であった「国際経営コンサルタント」になれたのは、早い時期に、人よりも具体的な目標を設定できたからだと思います。

ちなみに、私が「国際経営コンサルタント」になるために具体的な目標を立てたのは、高校3年生のときでした。

そのころ、世間の同学年生は、職業の選定どころか大学の選定とその合格のために、必死に準備していたのです。

目標は具体的であればあるほど、がんばりやすいのです。逆に、曖昧であればあるほど、何をしたらよいのか、また何に対して工夫や努力をすればいいのかがわかりませんから、がんばりようがないのです。

したがって、大きな目標を持ったならば、そのためにやるべき、より具体的な目標も早いうちに立てなければなりません。でなければ、大きな目標はただの夢か願望で終わってしまいます。

その場合、いつまで経ってもその大きな目標に近づかないので、かえって生き方が悲観的になってしまうでしょう。

本気で達成するつもりのない、たんなる夢や願望に近い目標を持つことは、自分がみじめになり、逆効果になってしまうのです。

3 仕事は自分で作る

▼仕事が速い人は、自分でどんどん仕事を作っていく

自らの目標は自らで作るのですから、その目標にしたがって仕事も自分で作るのは、当然だと思います。たとえサラリーマンとして勤めていてもです。

雇われていれば、担当のやるべき仕事は当然こなさなければなりませんが、会社や職場をよくするためには、仕事を自らどんどん作っていく気概が重要です。今、組織で求められている人は、そんなタイプです。

残念ながら、長い間、日本の教育制度の下では、できあがったものの中で、与えられたものをこなすことばかりやらされてきました。ですから、社会人になっていきなり、自分から率先してやることを要求されても、できない人がほとんどです。そもそも、何を提案したり、何を作り出したりすればいいのか、まったくわからないのです。

しかし、その中でも、仕事が速い人は、自分で目標を設定し、自らすべき仕事を

見つけ、作り出します。

私の知人で、短大を卒業して生命保険会社に就職した人がいました。彼女は、数年間、ひととおりの基本的な業務の訓練を現場で受けた後、会社にとって有益な業務を見つけ、上司に提案したのでした。

その上司は、普段から彼女の目標設定能力や管理能力を高く評価していましたので、すぐに会社の経営陣にその提案を紹介しました。すると経営陣も、その提案を高く評価し、すぐに採用になりました。そしてその提案を採用するためには、新しい部署を設立しなければならなくなり、その部署の責任者に、提案者である彼女が大抜擢《ばってき》されたのです。

戸惑ったのは彼女です。その大抜擢のために、今までの自分の上司が、いきなり部下になってしまったのです。それも、彼女より倍近く年上の男性ばかり20人以上が、です。

これは極端な例ですが、これからこのようなことは、どんどん増えていくことでしょう。仕事が速い人は自分で自分の仕事を作り、早く成果を出していくのです。

なぜ、自分で自分の仕事を作り出せるかというと、**具体的な目標を設定しているからなのです**。目標を設定していれば、与えられなくても、自分がやらなければならない、またやるべき仕事が見えてくるのです。

4 自ら問題を発見し解決する

▼やりっぱなしではダメ。仕事のチェックを欠かさず、問題をまず自力で解決する習慣をつける

早く目標を達成できる人とそうでない人では、決定的に違う点があります。前者は何事においても積極的で、後者は消極的、つまり受け身なのです。

どんな人でも仕事をしていると何かしら問題が出てきます。出てこないのであれば、真剣に仕事をしていない証拠です。人間ですから、どんなにがんばっても、必ず失敗やミスを起こします。

また、仕事はやればやるほど問題が出てきます。要は、問題が出てきたときにどうするかです。

早く目標を達成できる人は、そもそも何をやるにしても、問題が出てくるのを予想していますから、仕事をする度に、まず問題が起きていないかどうかチェックします。すなわち、問題をいち早く発見しようとします。

一方、目標を達成できない人は、何をやるにしても、やりっぱなしです。

何かひとつでもやれば、もう仕事が終わった気分になるのです。実はやったことの再チェックや他の人からのフィードバックを得るまで、仕事はまだ終わらないことを理解していないのです。

これは、一言で言うと、責任感です。目標を達成できる人は、何事に対しても、強い責任感を持って対応します。

問題が起これば、解決できるまで悩み、葛藤し、努力し続けます。すると、自分で問題を解決できなくても、解決しようとする真剣な態度に心を動かされ、問題解決のために周りの人が協力してくれるでしょう。

問題が起きたとき、まず自分で考えもせず、すぐに周りの人に何でも聞いたり、簡単に助け舟を求めたりする人がいます。こういう人は伸びませんし、最終的には目標も達成できません。

まず、人に言われたり、指示されたりする前に、解決策を自分で考え、実行してみましょう！

もしもそれで失敗しても、それは素晴らしい経験となります。将来、その失敗が生きてきます。応用できるようになるのです。

自ら深く考え、問題を発見し、解決しようとする姿勢は、人間を大きく成長させ

ます。また、それを繰り返していくことによって、徐々に力がつき、ほとんどの問題を自ら解決できるようになるのです。

5 利益を生み出すことを考える

▼短い時間、少ない費用で成果を出すための工夫をする

仕事が速い人は、何をするにしても絶えず「だれに対して何のためにするのか」を考え、明確にしてからとりかかります。そうすることで、効率よく効果的な仕事ができることを知っているからです。非常に戦略的な発想をします。

その中で特に大事なポイントがあります。一度、頼まれたり担当したりしたら、そのことで利益を生み出すにはどうしたらいいのかを、絶えず考え、そうなるように工夫することです。

「私は新入社員（または新人）だから、関係ない」と言う人もいるでしょう。

しかし、それは間違いです。新入社員でも、給料をもらって働いている以上、プロの仕事人です。

つまり、あなたは、金額の多い少ないにかかわらず、お金をもらって、その特定の仕事をしていることを忘れてはいけません。

もし、その会社や組織に対して利益をもたらすことができなければ、お金をもらう資格がないのです。

「仕事の本質」とはなんでしょうか。できるだけ短い時間と少ない費用で、より効率的な言動をし、より成果を出すことです。

それでは、その尺度はなんでしょう？

どれだけ、会社、またはあなたの部署に利益をもたらしているかです。それは、社員全員が絶えず追求しなければならないことです。

新人であろうとベテランであろうと、お金をもらって仕事をしているのですから、関係ありません。役職、立場、経験、年齢、性別、人種、出身などもまったく関係ないのです。営業、事務、総務、庶務、経理などの職種もしかりです。

会社や組織のメンバーになった以上、その会社や組織に対して、最も利益を生み出す言動をするよう、絶えず心がけなければなりません。そうでなければ、あなたの存在価値はなくなります。存在価値がないのであれば、辞めさせられるのは時間の問題です。

繰り返しますが、会社はあなたにお金を払っているのですから、会社や組織の利益を生み出すことを徹底しなければ、あなたはいらない存在となるのです。

あのトヨタ自動車でさえ、会社に対してどれだけ利益を生み、どれだけ経費の節減をしているのかを、社長も含め全社員に徹底して問うているのです。


要するに、いったん会社や組織に雇われたら、「いつも会社や組織の立場になって考え、言動しましょう!」ということなのです。それが、お金をもらって仕事をするプロというものです。


その最もわかりやすい例が、野球やサッカーに代表されるプロスポーツ・チームです。

チームの勝利と利益のためにすべてをかけて戦うという、プロとしての徹底した考え方が、結果的にあなたの目標を達成させるのです。


なぜでしょう?

まず、もし、あなたがその会社や組織に属したならば、目標を共有しなければ共存できないからです。

つまり、会社ないし組織の目標と、あなたの目標が重なっていなければ、どんなにあなたががんばっても、会社はあなたのことを評価しないでしょう。また、あなたも、目指していることが違えば、その会社や組織でがんばる気持ちなど出てきません。

そして、もし、あなたがその会社や組織のために利益を生み出すことに努力できないようでしたら、すぐに辞めるべきです。それは、あなたにとっても、会社や組織にとっても悲劇です。最後には、お互い非難し合って決裂することになりますから。

利益を生み出すことに本気で努力できる会社や組織を探すべきです。

ただ、忠告しておきたいことがあります。

仕事が速く、目標を達成できる人は、どこの会社や組織に行っても、その会社や組織に利益を生み出すのに徹することができるのです。それが、個人の目標を達成する近道であることを熟知しているのです。

私も、新卒で入社してから独立するまで10年間、勤務したコンサルティング会社の利益を生み出すため、毎日徹底して自問自答し、利益が生めるよう全力で努力しました。私だけではありません。その会社の目標を達成してきた人たちは皆、例外なくそうしてきたのです。

ですから、私はただ、できる先輩たちのまねをしただけなのです。でも、それが、独立後に大きな自信と力になりました。

まさにその10年間は、会社の目標「会社の利益を生み出す」と私個人の目標「会社が利益を生み出せるよう最大限に努力し、貢献する」が一致し、会社の皆と一体になり、全力で同じ目標に向かってがんばることができたのです。

6 残業をせず、要領よく仕事をする

▼余計なことをせず、やるべき仕事、優先すべき仕事に集中する習慣をつける

残業して仕事を終わらせる、高度経済成長期やバブル経済期は終わりました。

今は、生産性、質、スピード重視の時代ですから、残業せずに、速く、要領を得た仕事をする人が評価されます。

仕事の量でなく、アウトプット、つまり、どれだけ会社や組織に貢献し、成果を出したかが最も大事な評価基準です。

その評価ルールに従い、残業しないで済んだ分、時間を有効活用するのです。プライベートなことに使い、精神的、かつ肉体的なストレスやプレッシャーを軽減させ、明日の仕事へのエネルギーを蓄えるのも有効なことのひとつです。

また、その時間を学ぶことに使えば、仕事に必要な教養、知識、見識、専門知識、人間性などを高め、人間としての器《うつわ》を大きくすることも可能になるのです。結果的には、さまざまな目標も達成しやすくなります。

残業して、やっとやるべき量の仕事をこなす人は、とても高い評価は得られません。単に要領の悪い人としか見られないでしょう。

仕事が速い人は、残業をしなくても、就業時間内にやるべき仕事をすべてこなしてしまいます。それも、質の高い内容で、です。

普通の人は、残業してなんとか仕事を間に合わせます。会社にとっていらない人は、残業してもやるべき仕事を終わらせられない人です。そんな人は、どんなに残業しても、要領がわかっていませんから、結局内容のない仕事しかできません。

なぜ、同じ人間なのにこんなに違いが生まれるのでしょう？　私は、答えは簡単だと思っています。

仕事が遅い人は、やるべき仕事、優先すべき仕事を集中してやっていないのです。余計なことばかりしているのです。

どんなに仕事の速い人でも、目の前のやるべきことをだらだらやって、すぐやらなくてもいいことまで同時にやっていたのでは、どの仕事もなかなか終わりません。すべて中途半端になります。間違いやミスも多くなります。

まず、やらなければならない仕事から順に、集中してどんどん片付けていくのです。一つひとつ集中して一挙にやれば、意外と早く終わります。ミスや失敗も少なくなります。

すぐにやらなくてもいいことなど、いろいろなことを同時にやっていれば、集中力も伴いませんし、仕事の処理に勢いがないですから、一つひとつを終わらせるのに、かなり時間がかかります。

質の高い仕事を短時間でする場合、勢いがポイントとなるのです。

また、仕事が遅い人は、ひとつの仕事をする際、要領を得てやらないため、終わるのにとても時間がかかる上、内容は的《まと》はずれで質の低いものになります。

たとえば、上司に報告書をひとつ書くにしても、仕事が遅い人は、ポイントがずれたことを長々と書くため、作るのに時間がかかります。そんなに大事でもないことまで、延々と書くのです。

本人は書いた量が多いので、上出来の報告書を書いたつもりで得意げです。しかし、報告を受ける忙しい上司からすると、そのようなピンボケの報告をもらっても、いい迷惑なのです。

第一、読むのに時間がかかりますし、その割には、知りたい内容が書かれていないのです。そして、そもそも何を言っているのかよくわからない内容なのです。上司は忙しいですから、そのわけのわからない報告書を読むだけで、ストレスが溜まります。

こんな部下は、上司の「時間泥棒」です。かえって、再度打ち合わせをさせたり、報告内容の修正を手伝わせたりで、上司の仕事を増やしてしまっているのです。

ですから、こんな部下は会社や組織にとって、お荷物的存在になっているのです。上司や周りの人たちは、彼らに他の部署に行ってもらうか、辞めてもらいたいと思うでしょう。

では、もし、あなたが、仕事が遅い社員だったらどうしたらいいのでしょう?

私は、むずかしいことをする必要はないと思います。単に、仕事をする際に、その本質を見極めて、本当に必要なことだけをやればいいのです。

つまり、報告書作成であれば、〝いつまでに・だれに・何を〟報告すればいいのかという基本的なことに立ち返るのです。大事なことは、上司が、〝いつまでに・何を・どういう理由で〟知りたがっているかです。そのため、どこまで報告すればいいのか、また、それは書面だけでいいのかを考えるのです。

ここで重要となるのが、あなたが報告を受ける側の立場になり、自分だったら〝いつまでに・どのような〟報告を受けたいかを徹底して考え、実行することです。

できる人とできない人は、そこが決定的に違っています。つまり、できる人は、いつも相手の立場に立って、相手が欲しいものを欲しいとき欲しいだけ提供するのです。

報告書作成の本質は、できるだけ短い時間で、ポイントをわかってもらうことです。上司に細かいことまで知ってもらわなければならない必要性は、まずありません。

ですから、報告事項は、上司が最も知るべきこと、知りたいことだけに限るべきです。それも箇条書き、場合によっては、図やチャートなどを利用して、できるだけわかりやすく必要なポイントだけに絞るべきです。

私が知り合った仕事が速い人たちにとって、これは当たり前のことで、彼らはだれに教わらなくても自然に身につけ、やっています。

このようにポイントをついて、勢いよく集中的に仕事をしますから、残業をしなくても、いつも仕事が終わるのです。それも、要領を得ていますから、論理的でわかりやすいのです。したがって、彼らは極めて生産性や質が高い仕事をするのです。

7 人に感謝する心を持つ

▼ひとりの人間ができることには限界がある。仕事を速くこなすには他人の応援が欠かせない

早く目標を達成できる人は、ひとりの人間ができることの限界をよく理解しています。

なぜなら、皆過去にひとりでさまざまなことに挑戦してみたことがあるからです。でも、うまくいかなかった経験を持つのです。

ですから、自分ひとりでは、大したことができないと身をもって体験し、痛感しています。

その経験から、できるだけ周りの優秀な人を巻き込み、アドバイス、協力、支援を得ることが重要だということをよく知っています。そして、そうなるよう最大の努力をしています。

その具体的な方法として、工夫し、努力していることは、いつも周りの人間に感謝することです。それも、ありとあらゆるチャンスを使って感謝します。

それは義理や格好づけでやっているのではありません。本当に、ありがたいと思って、心から感謝の意を表しているのです。

すでに、ひとりでやることの限界を経験しているので、自分を助けてくれることがどれほどありがたいか、心底痛感しているのです。なので、誠心誠意の感謝です。

逆に、そのような心のこもった感謝の気持ちを表されたら、どんな人も、協力や応援をしたくなるものです。

しょせん、人間ひとりの力は限られていますから、他の人と差があっても、大したものではありません。結局、違いは、どれだけ多くの人に好かれ、支援を得られるか、です。

仕事が速い人、目標を達成させる人は、本当に他人に対して、毎回感謝しまくります。しつこいぐらいです。

そもそも、早く目標が達成できたのは、他人の応援があってのことですから、人生の恩人として対応しているのです。でも、よく考えたら当たり前のことですよね！　お世話になったり、応援してくれた方々のおかげで、現在の自分があるのですから。

8 目標から逆算して行動する

▼到達希望地点からさかのぼって、今、何をすべきかを算出する

人間が最も美しく見えるとき、それは、目標に向かって一生懸命努力しているときです。その真剣でひたむきな姿を見ると、私たちは、感動するものです。そんな素晴らしい生き方をしたいものですね！

早く目標を達成させるためには、前にも述べたように、まず目標を決めなければなりません。

私は、目標は高ければ高いほどいいと思っています。どんなに高い目標でも、それを達成できる可能性がゼロということは、まずないでしょう。であるなら、たった一度の人生ですから、大きな目標を持って挑戦したいものです。できる、できないは別にして、本当にそうなりたいのなら、目指すべきです。

目標が高いほど、早く達成させるためには、それに見合う努力・工夫をしなけれ

ばなりません。ですから、高い目標を持てば、それだけ能力も高まり、人間的にも成長できます。

目標を持ったら、達成するためにすべきことがあります。具体的な戦略、長期計画、戦術、そして短期の行動計画を立てることです。

私はこのことを、**「目標達成のための逆算」**と呼んでいます。

何事も目標点に到達するためには、それまでのプロセスが大事です。プロセスそのものが間違っていたり、実行可能なプロセスをしっかり考え、計画し、実行しなかったりすれば、目標に到達できる可能性は限りなく低くなるのです。

ワタミの渡邉美樹社長は、このことをよく「夢に日付をつける」と言っています。つまり、「具体的な夢＝目標」ですから、目標を達成するためには、到達希望地点（時期）からさかのぼって、今何をすべきかを算出するのです。ですから、目標を立てた当初には、周りの人から見たら一見不可能そうな目標も、次々と達成させてきたのです。

ご本人にとってみると、目標から逆算して、達成するために必要なことを毎日一生懸命やってきたわけですから、達成できて当たり前なのです。

米国に20年近くいたこともあり、米国大手レストラン・チェーン「ＴＧＩフライデーズ」の顧問をしていた私は、同レストランの日本進出をお手伝いすることになりました。

そのため、その事業パートナーとして、１９９８年に渡邉社長に初めてお会いした際、将来のさまざまな目標について、お話を聞きました。

当時の渡邉社長の状況を考えると、いくつかの目標は、無謀そうだったり、不可能そうに見えました。しかし、今振り返ってみると、なんと私に話していたすべての目標を彼は達成していました。

なぜでしょう？

渡邉社長の言葉を借りて説明しますと、繰り返しますが、夢に日付をつけていったからなのです。具体的な夢を持ち、それに日付をつける、つまり、高い目標を持ち、それを達成するために、今何をすべきかを逆算して、実行していくのです。

目標を達成してきた人たちは、例外なくこれを実践してきています。

ちなみに、私は、コンサルタントとして２０１２年までに、本を１００冊以上書いて、１０００万部以上売ることを目標にしています。

「頭おかしいんじゃないの？」

と、疑問を持たれる方もおられることでしょう。

ソフトバンクの孫正義社長も、創業当初で、まだ数人の社員しかいなかった時代に、「将来の事業規模として何兆円」という話を、彼らに語ったとのことです。その場にいた社員全員が、孫社長はどうかしていると思ったそうです。

私の出版の目的は、本を通して1000万人以上の人と出会い、少しでも読者とつながることなのです。

先日も、あんまり嫌なことが続くために会社を辞めようとした読者からメールをもらいました。私の本を読んで勇気が出てきて、再度、会社でがんばる気になったとのこと。そのときは、本を出版して良かったと心から思いました。

現時点で日本語では、48冊しか本を書いていませんので、おそらく、合計してまだ100万部程度しか売れていないでしょう。まだまだです。

目標を達成するため、現在毎月1冊以上のペースで本を書いています。1冊200ページ位必要ですので、今は毎日10ページ以上の原稿を書くことを目標としています。本業があるので四苦八苦していますが、今のところやり続けています。

もし、このペースが維持できれば、2012年まで、あと52冊以上は書けることになります。

しかし、それだけ書いても、1冊あたり平均10万部以上売らなければなりません。ビジネス書で10万部以上売るのは、業界の基準から判断してベストセラーに入りますので、それを続けることは、国語力がなく文才のない私にとっては大変な挑戦となります。

そのため、口コミでひとりでも多くの人に読んでもらえるようにしなければなりません。したがって、人に勇気や感動を与え、かつ売れそうなテーマを、本業の会社経営と経営コンサルティング業務をしているとき以外、絶えず考えています。

もしかすると、この目標は達成できないのかもしれません。ただし、あきらめず、やり続けることで、人間的成長も含めて、得るものは大きいと確信しています。

9 いつも問題意識を持つ

▼問題意識を持っていれば、早く本質的なことが見えてくる。そして早くチャンスに気づく

仕事が速い人と遅い人にはさまざまな違いがあります。その大きなひとつを紹介すると、いつも問題意識を持って言動しているかどうかです。

仕事が速い人は、すなわち、できる人とも言えますが、些細なことでも見逃しません。一つひとつのことでも、絶えず、それでいいのかどうかをチェックするのです。また、なぜそうなっているのか、もっといい方法がないのかなどを絶えず考えます。

気くばりも抜群です。

問題意識を持つということは、やっていること、聞いたこと、知り得たことなどで、疑問点があればそれを明確にするのです。そうすることで、本質的なことが見えてきます。

逆に問題意識がない人は、ボーッとしていますから、自分の周りにチャンスが訪れても、わからない。要するに、物事を本質的に見ていませんから、それがチャンスであることすら気がつきません。

したがって、**同じものを見ても、同じことが起こっても、問題意識のある人とそうでない人では捉え方が違うため、進歩の速さも違ってきます。**

できる人になるために、いつも問題意識を持つことがポイントだと私が気づいたのは、大学1年生のときでした。

すでに当時「国際経営コンサルタント」になることを目指し始めていたことから、短期間で英語を上達させる方法を模索していました。

その結果、とんでもないことを思いつきました。最もレベルの高い英語の講義を受けることにしたのです。最高の英語レベルを体感することで、目指すべき目標が具体的にわかり、それに向かって、一途に努力できるのではないかと判断したのです。

その最高の英語レベルとして挑戦することにしたのは、「速読の英語」という講義を受けることです。その講義では、政治・経済・科学・文化・教育・国際・時事など、あらゆる大切な領域についての最新情報を提供する『タイム』というアメリカの一流週刊誌が教科書として使われていました。その「速読の英語」の講義は、毎週クラスで『タイム』誌を速読し、参加者全員が英語で発表・議論し合うという恐ろしいものでした。

授業そのもののレベルが非常に高かったため、ほとんどの参加者は、英語圏の国で大学や大学院を出て、長年英語を使う職業、たとえば同時通訳などをしているバリバリの英語の達人でした。

片や私は、中学英語すらままならない英語の劣等生でしたから、講義を受けてもチンプンカンプン。

これはあるカルチャーセンターが主催していた講座で、受講料さえ払えば、3カ月間毎週1回、合計10回の講義をだれでも受講できたのです。が、私のあまりの英語レベルの低さに、講師もビックリして、戸惑っていました。

出席するごとにどんどん落ち込み、元気がなくなっていく私。見るに見かねた講師は、私の発表の番が来たら助け舟を出して、代わりに話してくれるというありさま。また、できるだけ私を当てないようにしてくれたのです。そんなことで、私は講師の講義や他の参加者の発表・議論をただ聞いているだけなのに、そのクラスにいられるようになりました。

その講義の中で、講師が毎回繰り返し語ってくれたことがありました。私にとっては、その後の生き方に大きく影響したことです。

「目標を達成できる人になりたかったら、いつも問題意識を持ちなさい。この講義はそのためのものです。単に英語力や速読力を身につけるためのものではありません。問題意識を持たない人は、どんなに英語力があって、いくら速読の訓練をしたとしても、書いてあることへの本質的な深い理解ができないため、力はつきません。逆に問題意識を持っている人は、多少英語力がなくても、また速読により、細かいことが把握できなくても、書いてあることを深く掘り下げて本質的に理解しようとするので、どんどん思考能力が高まり、戦略立案能力や問題発見・解決能力もついてきます。結局、どんな分野に進もうとも、どれだけ深く考えられるかが大事なのです」

講師が毎回このようなことを言うので、私も肝に銘じ、その後、絶えず問題意識を持つようにしました。

物事を見たり聞いたり読んだりしたら、まず、「なぜそうなのだろう？」「本当にそうなのかなあ？」「それって、本当に問題かなあ？」「解決するためには、どうしたらいいのだろう？」などと考えるくせがつきました。

ニュース・事実・情報を得ても、単に鵜呑みにすることはなくなりました。表面的に見るのではなく、自然と、まずその内容の正しさや、本質的な意味を考えるようになりました。ですから、知恵を授けてくれた、その講師にはとても感謝しています。

10 すべてに期日をつける

▼一つひとつに期日を設けることが、結果的にだれよりも早く目標を達成させる

目標を達成するためには、そこに到達するまでの過程での努力が必須です。でも、ただ単に努力してもダメです。がんばっているのに、早く成果が出ていないのでは、前に進めません。前に進めなければ、当然目標はいつまで経っても達成できません。

目標を達成するための過程でしっかり成果を出していくには、何をやるにしても、すべてに期日をつけることがカギになります。やらなければならない一つひとつのことに期日を設け、それらをこなすことが、結果的には早く目標を達成させていくのです。

前述したように、ワタミの渡邉美樹社長は、よく「夢に日付をつけよう！」と言います。つまり、一つひとつのやるべきことに期日をつけるという意味です。

一事が万事で、一つひとつのやるべきことに期日をつけ、実行していかなければ、最終的な目標など、達成できるわけがありません。まさに「塵も積もれば山となる」なのです。

私も「一流の国際経営コンサルタントになる！」という目標を、高校3年生のときに設定しました。そのために、やるべきことに期日をつけました。

大雑把に言うと、22歳で大学を出てから10年間で、米国の経営大学院（ビジネススクール）を出ると同時にコンサルティング会社に勤め、独立に必要なビジネスのノウハウ、システム、資金、人脈、パートナーを獲得するという期日付きの課題を設定しました。

そして、32歳で「国際経営コンサルタント」として独立し、次の10年で成長するための土台を作ると計画しました。

さらに、42歳から10年で、本業の経営コンサルティングで成果を出し、お金を儲ける以外に、本を書いたり、講演をしたりして、信用力アップのために外に打って出ることを自分に課しました。

最後に、52歳から死ぬまで、世のため人のためになることを徹底してやることにしていきます。たとえばビジネスで儲けたお金を寄付したり、恵まれない人たちにお金を使ってもらったりということです。

つまり、私の場合も、「いつかこうなればいいなあ……」という〝願望〟ではなく、すべて、いつまでに〝する〟という期日を設けています。でなければ、いつになっても、目標は叶わぬ夢で終わってしまうからです。

要するに、**夢を達成できる目標にするために必要なのは、そのためにやらなければならないことすべてに、期日をつけることなのです。**

不思議なもので、期日をつけて努力していれば、多少期日に遅れたとしても、いつか、その目標は達成できてしまうのです。

11 ヘルシーで規則的な食生活に変える

▼仕事のスピードや集中力は、食生活によって決まる

若いときは、どうしても無理しがちです。気ばかりが焦って、ついつい徹夜や食事抜きで仕事をしてしまうことがあるでしょう。私もそうでした。

若いときの私に最も欠けていた仕事への考え方に、効率と成果があります。

仕事は、成果がすべてです。食事を抜いたり、徹夜をしたり、休みなしで、どんなにがんばって、ぶっ続けで仕事をしても、間違いだらけだったり、内容のないものだったら、努力をした甲斐がありません。

そもそも、その努力は何だったのでしょう？　自分では、すごくがんばってやったように思っていても、独りよがりの努力も多かったのではないでしょうか。

仕事で期日を守ることは、当たり前中の当たり前です。しかし、無理をして努力しても質が伴わず、単に期日を守っただけでは、まったく意味がありません。

私は普段から「努力に無駄はない」と思っているのですが、実はそれが成立する条件があるのです。

一言で言うと、正しいことをしているかどうかです。つまり、正しいことへの努力には無駄はありませんが、間違っていることをしていれば、どんなにがんばったとしても、まったく成果につながらないのです。

その間違っていることのひとつに挙げられるのが、ヘルシーな食生活をせずに、無理してがんばることです。

若いときや元気なうちは、多少無理はききます。しかし、実際不規則な食生活は、どんどんあなたの体力や知力、最後には気力をも蝕《むしば》んでいくでしょう。私はそんな人を多く見てきました。

それだけ、食べ物は我々の体と精神に大きな影響を与えるものなのです。

若いときに無理をして、どんなに仕事ができても、その後がんばれなくなれば、若いときの努力は何のためだったのでしょう？

今、ヘルシーな食生活を送っておかないと、後になってだんだん体や精神にその影響が出てきます。ひどい人は、気力をなくしたり、病気になったりで、突然働けなくなります。

夢や目標が達成できるのは、健全な体と精神があってこそ、です。

ヘルシーで規則的な食生活のポイントは、定期的にバランスよく食べることです。

コンビニ弁当とかファストフードのハンバーガーなど、同じものばかり食べないことです。できれば、満腹感が得られる肉類や穀物類ばかりではなく、野菜や果物もとるようにしたいものです。

私は米国にいたときは、ステーキ、ハンバーガー、ベーコンなどの肉類が好きで、高カロリー・高コレステロールの食品ばかりとっていました。また、甘いものが大好きでしたので、毎食後には、ケーキやアイスクリームは欠かせませんでした。そして、お腹がすいたら、ポテトチップスやチョコレートなどの間食もちょこちょことっていました。

仕事中心の生活で、期日の迫ったプロジェクトをいくつも抱えていましたので、時間が惜しいことに、ストレスも手伝ってか、食事の時間になったら、食べたいものを短時間でさっと食べていました。

当時、いつも食事は5分以内に終わらせていたのです。おかげで、食生活を変えて、ヘルシーな食事内容に切り替えても、なかなか早食いのくせが直りませんでした。

肉中心のファストフードを食べ続けていたら、30代後半から、だんだんと疲れが溜まってきて、いくら睡眠をとって休んでも、疲れがとれなくなりました。そのため、その疲れが体調に影響し、仕事の効率や生産性がどんどん落ちていきました。

一番如実に現れたのが、集中力やスピードです。その結果、期日までの仕事が間に合わない、間違いや穴だらけ、ポイントがずれている等々、食べる時間や寝る時間を惜しんで、必死に仕事をしていたのに、私の仕事でのレベルと評価は下がる一方となりました。

私は考えました。このままでは必死で仕事している割には、空回りに終わっていて、職場でお荷物になってしまうと。成果がどんどん出なくなったわけですから、どんなにがんばろうと、会社に必要ない存在になってしまうのです。目標を達成できるどころか、私は人生の敗北者への道をまっしぐらに歩んでいる気がしたのです。

考えたあげく、その根本的問題が食生活にあることに気づき、ヘルシーな食生活へ変えることを一大決心しました。

まず、タバコをやめました。そして、肉類や甘いもの中心だった食事を、魚類、豆類（特に豆腐や納豆）、野菜、海藻類、フルーツ中心に変えました。

また、それまでは、毎日遅くまで仕事をしていたことから、深夜にお腹がすき、よく夜食をとっていました。そのため、毎朝起きると気持ちが悪く、体調もよくない上、朝からお昼まで何も食べたくなくなるのです。

ですから、重い夜食をとることも一切止め、夜お腹がすいたら、飲み物でお腹を満たし、食べるとしても、少量の軽いスナックやフルーツに留めました。

そうしたところ、体重があっと言う間に10キロ以上減り、また集中力や精神力も増していくのが実感できました。そして、仕事での効率や生産性が見る見るうちに上がっていったのです。

今、元々の目標だった毎月1冊以上の本を執筆できているのも、そのおかげなのです。

ポイントは、健康によくない食生活はすぐに改善し、ヘルシーなものへと変えていくことです。その効果がすぐに出る人も、半年や1年以上経たないと、体感できない人もいますが、共通して言えることは、例外なく健康になっていくことです。

ぜひ、すぐに実践してみてください。

「急がば回れ」です。急いで仕事をしていれば、「そんな面倒くさいことは、やってられない！」と思うかもしれません。でも、長期的・結果的には、ヘルシーで規則的な食生活に切り替えたほうが、仕事も速くできるようになり、目標も達成しやすくなるのです。

だまされたと思ってやってみてください。今よりずっと、仕事ができるようになりますよ！

12 あきらめないために根性をつける

▼あきらめない人が、早く目標を達成できる。体を鍛えることで精神まで鍛えられていく

ご存じですか、世の中で目標を達成してきた人の典型的なタイプを？

一言で言うと、根性のある人です。絶対にあきらめない人です。彼らは決して頭がよく勉強ができるタイプではないのです。ただ、一度決めたら、バカにされようが、邪魔されようが、とことんやり続ける人なのです。

頭がいい人にはかえってできないことでしょう。バカになってひとつのことをやり続けるのですから。

頭がいい人は、何かするとき、まず、すぐに計算します。そして、そのできる確率を予測するのです。

可能性が低ければゼロではなくても、「理論的に無理だ！」「前例がないから不可能だ！」「できる確率が低いし、リスクが高過ぎるからやめたほうがいい！」ということで、あえて挑戦しません。失敗する確率が高いからです。要するに、失敗したくないのです。

だれも最初から失敗したくありません。でも、**現実として、新しいことをするのに失敗なしでできることなどあり得ません。まず失敗ありきです。**

今の世の中、失敗しない確率がゼロなんてことは何もありません。すべてリスクが伴います。むしろ、失敗を恐れて何もしなければ、どんな分野でも時間が経過して、古くなって消滅していきます。実は、何もしないほうが、リスクが高いのです。

ですから、生き延びたかったら、どんどん新しいことに挑戦すべきです。たとえ成功する確率が低くても、失敗覚悟で。

目標を達成した人は、ほとんど皆、成功する確率が低いことに挑戦し続けました。何度も失敗する中で、あきらめなかったから、ついに達成させたのです。ですから、根性のある人なのです。

それでは、根性はどうやって養われるのでしょうか？

答えは簡単です。ひとつのことを徹底的にやり抜いたとき、根性はついてくるものなのです。

根性をつけるのに比較的役立つのは、スポーツを徹底的にやることです。スポーツは本格的にやると、自己の限界に挑戦することですから、根性がないと続かないのです。

今、激動する社会の中において、企業で求められている人材に共通することのひとつが、根性なのです。ですから、体育会系クラブでしっかりやってきた人は、企業から引っ張りだこです。

私も小学生のときから、競泳選手を10年以上やってきましたので、多少は精神と肉体両面において、鍛えられたようです。

アテネ・北京両オリンピックの１００メートルと２００メートル平泳ぎで見事連覇して金メダルを獲得した北島康介選手など、数々のオリンピック選手を生み出した、日本オリンピック競泳強化コーチであった青木剛先生に、たまたま一時期、徹底的に鍛えて頂きました。

青木先生には、水泳だけでなく、人生において目標を達成するために一番必要なことを教わりました。青木先生は、「なぜ毎日厳しい練習に挑戦しなければならないのか」をいつも説いていました。

「絶えず体を鍛えることで、日々強靭な精神力を養う」というのが先生の狙いでした。これは、まさに人生で成功するカギでもあります。言い換えれば、目標を達成できる人になるために、必要なことなのです。

何も「一流のスポーツ選手を目指そう！」と言っているのではありません。体を鍛えることには、弱き自己に挑戦し、根性を養うという目的があります。そして、それによって目標に絶えず挑戦し、達成させていこうとするものなのです。

人間の心と体は切っても切れない関係です。ですから、強靭な精神力を養うためには、まず体を鍛えればいいのです。競泳をしていたころは、嫌で嫌でたまりませんでしたが、社会に出て、あの鬼の青木先生に対して感謝できるようになりました。かなり精神的に鍛えて頂いたからです。

今からでも遅くありません。何でもいいので、定期的に体を鍛えてみてください。精神も鍛えられていくのが、実感できることでしょう。その強い精神力が、目標を達成するためには、絶対に必要なのです。

13 昨日より今日、今日より明日へ

▼仕事が速い人は、自分の弱さと戦い、前進するくせをつけている

目標を設定したら、毎日その目標に向かって努力することで、少しずつ近づかなければなりません。1日1日が勝負なのです。

戦う相手は、他人ではありません。あなた自身です。毎日毎日、自己の弱さと戦い、前進するのです。昨日の自分より今日の自分、今日の自分より明日の自分が進歩するよう、コツコツ努力するのです。

1日1日努力していけば、着実に目標に近づいていきます。どんなに才能や能力がない人でもです。

私もそうでした。勉強が大の苦手で、特に英語と国語がまったくできませんでした。

高校時代は、英語も国語も極端に成績が悪く、赤点（100点満点中30点未満）

の常習犯でした。

ところが、高校を卒業する直前に一念発起させられる事件が起こりました。米国で1カ月間ホームステイすることになったのです。それからというもの、毎日自らノルマを課し、「昨日より今日、今日より明日」と、コツコツ努力しました。

とにかく、そのときお世話になったアメリカ人、特にホームステイ先のホストファミリーの老夫婦と英語で自由に何でも話したくなったのです。

それで、探しに探した結果、仕事を通じて英語力を向上させることができ、自分の性格に向いていてそうな「国際経営コンサルタント」業をライフワークとして選んだのです。

私は、今の職業、「国際経営コンサルタント」業をとても気に入っています。なぜなら、健康で頭も冴えていれば、死ぬまで一生続けられるからです。また、仕事を通じて毎日違う経験をし、それがノウハウとして少しずつ構築されていくからです。

つまり、やればやるほど、時間が経てば経つほど、専門知識・経験知・ビジネスのノウハウ・人脈をどんどん得て、その道のプロとして力もついてくるのです。

コンサルタントになりたてであった20年前の私と10年前の私とでは、専門家として月とスッポンくらいの差があります。また、今の私は、10年前の私を振り返ったとき、比較にならないほど成長したようです。

これは、私が優れているからではまったくなく、真剣にこの仕事をしてさえいれば、だれでもどんどん力をつけていけるものなのです。

逆にそれを知ったから、私は、ライフワークとしてこの「国際経営コンサルタント」という職業を選んだのです。

「昨日より今日、今日より明日へ」と考えると、生き方や仕事の両方の観点から、とても前向きになることができます。

「たとえ、昨日できなかったとしても、今日がんばってやればいいじゃないか！もし、それでも今日できなかったら、明日、再度挑戦して、できればいいじゃないか！」と。

そういうふうに考えると、がんばって生きていくこと自体が楽しくなっていくのです。

仕事が速くなるように成長しながら、今すぐ成果を出さなくても構いません。1

日1日前進できればいいのです。

目標を達成できた人たちは、間違いなく、この前向きな姿勢で生きてきました。

彼らも、すぐには、成果を出せないことがあったかもしれません。

でも、10年前、さらに20年前に比べたら、とんでもないくらい成長・前進してきたのです。

であるならば、これからの10年後、20年後の姿が、また楽しみですね。

お互い、日々弱き自己に挑戦し、いっしょに成長していこうではありませんか！

14 優先順位を決め、1日1日を完結させる

▼今日やるべきことは、何が何でも今日中に終わらせる

我々は考え方によっては、毎日「生」と「死」を経験していると言えます。「生」は朝の目覚めで、「死」は就寝です。一度起きれば、「生」をもらったわけですから、人間としての活動を始めます。そして、夜寝てしまうと、心身ともに活動が止まり、「静」つまり「死」の世界に入るのです。

仏教では、このことを「輪廻転生《りんねてんしょう》」（生まれては死に、また再度生まれてくるサイクルを繰り返すこと）として説明しています。

このように、人間は、毎日毎日「生死」を繰り返しているともとれるのです。

したがって、「今日できなくても明日やればいいや……」なんて思ったら、大間違いです。明日はないのです。

また、今日やるべきことを今日できなければ、負ける要因を積んでいることにな

ります。「一事が万事」ですから。最低でもその日は、負けた日です。負けた日が続くと人生でも負けてしまいます。

一度でも物事を先延ばしにする人は、何度も何度も同じことを繰り返すのです。

つまり、時間にルーズで、期日を守れない人になっているのです。

今日やるべきことは、明日に持ち越さない。それで、今日中に終わらせなければなりません。なぜなら、明日は明日で、またその日のうちに、やらなければならないことが多く出てくるからです。

仕事が速い人は、その辺のことを実によくわきまえています。彼らは、一度やることを決めたら、まず一つひとつを片付けていきます。

「目前の一つひとつの問題を解決できなくて、何で他の新しいことができようか！」という精神なのです。

もちろん、いくつかのプロジェクトを同時にこなさなければならないときもあります。でも、仕事が速い人は、何でもかんでもやりません。全部中途半端になるからです。

まず目先にある問題に、一つひとつ決着をつけていくことに最大の努力をします。

生半可に明日があると思っていること自体、真剣に目標に向かって努力するのには障害になるのです。実は明日はないのかもしれません。突然、明日死ぬかもしれないのです。

であるならば、優先順位を決めて、今日中にすべきことを終わらせなければなりません。

早く目標を達成できる人は、「1日1日を完結させられる」のです。

要するに**今日やるべきことは、明日に持ち越さず、何が何でも今日中にやる**という共通点があります。これをコツコツと徹底してやってきたから、「塵も積もれば山となる」で、目標を達成できたのです。

1日でできることは限られています。ですから、まず大事なことは、やるべきことの正しい優先順位を決めることなのです。

15 評論家にならず、まず動く

▼前向きな意見を出していれば、いつか必ず目標を達成できる

ひとつの部署や小グループで仕事をするとき、皆でいろいろな意見・提案・アイデアを出し合うことがありますよね。その際、どこの組織でも、だれかの出した提案やアイデアをすぐに批判する人が必ずいます。いかにその提案やアイデアが無意味か、また問題かを批判し、それが実現しない理由を、長くくどくどと言う人です。

そんな人に限って、自ら大した目標は設定しません。決してリスクも取らないし、背伸びしないからです。

たとえ、設定したとしても、できない理由を多く考えつくことで、自分ができないことをすぐに正当化してしまうのです。

したがって、いつまで経っても目標は達成できません。

目標を達成するために最も必要なことは何かご存じですか？

いろいろあるかもしれませんが、私の経験から言わせて頂くと、とにかくバカになってやることです。

できるかどうかはあまり考えずに、本当にそうなりたいという目標を設定し、無心になって徹底的に行動することです。そして、達成するまで、何があろうとあきらめず努力し続けることです。

そうしたら、必ずたいていの目標は達成できます。

私もそうでした。

前述したように、私は「国際経営コンサルタント」として独立するという目標を立て、32歳で達成させました。達成できた理由は簡単なのです。周りの人はみな、無理だからやめるように言っていました。が、私はバカになり、まず行動しました。何度ダメでも挑戦し続けたのです。どうしてもなりたかったのです。人生のすべてを賭けて。

「本当にバカで、その道の才能がない僕では無理なのかもしれない……」と思って、やめようとしたことが、数え切れないくらいありました。

でも、死ぬまで動いて動いて動き抜く覚悟を決め、挑戦を続けました。結局、どうしても、独立して、天職と思っていた「国際経営コンサルタント」になりたかったのでしょう。

その人が目標を達成できる人かどうかは、話したり、いっしょに仕事をしたりしたらすぐにわかります。それもちょっとだけでいいのです。

提案やアイデアを出したとき、どうしたら実現できるかの前向きな意見を出し、動く人は、あきらめずそれをやり続ければ、いつか必ず目標を達成できます。

一方、人や提案・アイデアに対する評論ばかりしていて、行動しない人は、「原因結果の法則」における、いい原因を積まないため、その結果となる目標達成はあり得ないのです。

とにかく、評論している暇があれば、動いて動いて動き抜きましょう!

16 「仕事センス」を養う

▼センスがなければ仕事は空回りになる。
目標に合わせて戦略的に仕事をする、「仕事センス」はどうすれば身につくのか

目標を設定し、とにかく、がむしゃらにがんばる人がいます。もちろん、がんばれること自体素晴らしいことですし、早く目標を達成するためには、がんばることは大前提です。

しかし、センスのないがんばりは、かえって、目標を遠のかせることになるのをご存じですか？

成果を出すのにセンスはとても大事なのです。センスがなければ、無駄な努力ばかりして、空回りになるのです。逆にセンスがあれば、スピーディーに目標に近づくことができます。

センスがある仕事術というのは、カッコよく言うと、「目標に合わせて戦略的に仕事をする」ことを指します。つまり、必ず成果が出せるよう、知恵を出して、効率よく効果的に仕事をするのです。

これを私は「**仕事センス**」と呼んでいます。

それでは、どうしたら「仕事センス」が養われるのでしょう？

まず、単にがんばったり、なんとなく仕事をするのをやめることです。たとえば、仕事の優先順位をよくよく考えずに、目の前にあることなんでもかんでも必死にやったり、業務時間内に仕事を終わらせようと効率的に仕事をせず、だらだら残業したりすることをやめるのです。

とにかく頭を使いましょう！

目標から照らし合わせて、何をしたらその目標に早く近づくのかを、絶えず考えて仕事をするのです。そうすると、おのずと、今、何をすることが大事で、何を後回しにしてもいいかが見えてきます。

場合によっては、大事でないことは、時間が経てばしなくてもよくなるかもしれません。やらなくてもよいことは、やらないほうがいいのです。他にすぐにやらなければならないことは山ほどあるはずですから。〝あなただから、しなければならないこと〟をやってください。

それを理解し実行することが、「仕事センス」を養うことなのです。

それがわかったら、次に、どうしたら、早く、正確かつ効果的に処理できるかを自分なりに考え出し、実行するのです。

その際、最後は自分でやるのですが、邪魔しない程度に、上司や先輩からアドバイスを受けましょう！

「聞くは一時の恥、聞かざるは一生の恥」と先人は言ってくれています。「仕事センス」を養うために、どんどん謙虚に聞くことは大事です。

ただ、すべてをすぐに聞くのではなく、まず自分なりに考え、答えを出してみてください。その答えが合っているかどうか、確認の意味で人に聞いてください。でないと、いつまで経っても、「仕事センス」は養われません。

そのパターンを何度も何度もこなしていくと、「仕事センス」がどんどん養われ、気がついたら、目の前にある目標は達成できているのです。

17 気くばりを徹底する

▼周りの人から最も信頼され、好かれるポイントが気くばりである

目標を達成できる人は、周りの人を味方にするのが得意です。とにかく周りの人としっかりコミュニケーションをとり、信頼関係を構築できる人です。ひとりでは何もできないことをよく理解しているので、周りの人を大事にします。

周りの人から最も信頼される方法は、なんだかわかりますか？

いろいろあるとは思いますが、そのひとつに挙げられるのが、気くばりを徹底することです。

どんな人に対しても気くばりを徹底すれば、みんながあなたのことを好きになるでしょう。それを続ければ、「好き」を通り越して、ファンになるでしょう。

ビジネスの世界では、どれだけ顧客に好かれるかが最も大事なポイントです。営業をやってみればわかりますが、究極の営業というのは、ものやサービスを売るのではなく、営業している自分を売るのです。

つまり、自分を知ってもらい、好いてもらわなければ、ビジネスには到底つながりません。その決め手になるのが、気くばりが徹底してできるかどうかなのです。

本当に目標を達成したければ、気くばりの仕方を学ぶべきです。

気くばりのプロになるにはどうしたらいいのでしょう？

そんなにむずかしいことではありません。

私は米国にいたとき、営業が得意なアメリカ人の上司に同じことを質問したことがありました。

彼は一言でこう答えました。

「相手が恋人だと思って、どうやったら喜んでもらえるか、どうしたら好かれるかを、絶えず考え、実践していけばいいのです」

18 メンターを持とう

▼メンターをまずひとり探し、徹底的に学び、研究・実践する

早く目標を達成できる人になるために、とても大事であるにもかかわらず、あまり実践されていないことがあります。

それは、メンターを持つことによって、さらに高い目標を持ち、メンターを超えるぐらいの実力をつける努力をすることです。

では、なぜその重要性があまり認識されていないのでしょうか？

一言で言えば、過去にメンターを持つことのすごさを体験していないからです。

メンターとは、一般的に師匠、コーチ、先生とされています。メンターにつく人は、弟子、生徒、門下生と言われます。

私の言うメンターとは、**教わるばかりではなく、弟子としてメンターを目標とし、将来メンターを超えることで恩返しできる存在**なのです。

ですから、メンターを持った人は、とてもがんばりやすいのです。そして、幸せです。具体的に超えるべき目標の人物が身近にいるのですから。どんどん学び、盗み、人間的にも成長していくのです。

そもそも、あなたがメンターになってもらいたいと望む人は、その時点で、これまでの人生から学び、身につけてきた経験、知識、ノウハウ、技術、スキル、統率力、人間性（人間的器《うつわ》）、人脈など、総合してあなた以上のものを持っているはずです。

そして、そのメンターが教えてくれたこと、また持っていることをすべて吸収・マスターし、さらに自分なりの独自なものを付け加えることによって、あなたはメンターよりもっと大きな成果を出し、またもうひと回り大きな存在となり得るのです。

「先人に学べ」――よく聞くことです。まさに、限られた短い人生ですから、先人が失敗から学んだことをどんどん教えてもらい、生かして、自らの仕事や人生で同じ過ちを繰り返さないようにしていくのが、知恵のある生き方ではないでしょうか！

なぜ、身近にメンターを持つことが、目標達成のために有効なのでしょう。

私は経験上、身近にメンターを持つことは、その人を通して、目標がより具体的にイメージしやすくなることを学びました。そのため、目標が設定しやすく、そして、目標達成のための具体的な方法や努力の仕方がわかりやすいので、がんばることができるのです。

逆にメンターを持たない人は、なかなか具体的な目標が定まらないこともあり、行き詰まったら、簡単にあきらめざるを得ないのです。

メンターは、ひとりだけである必要はありませんが、まずひとり探すべきです。

そして、もし見つかったら、徹底的に学び、研究・実践するのです。

人間ですから、欠点や悪いところもあるかもしれません。

そんなところばかり見てがっかりし、学ぶことをやめる人が結構多いのです。もったいないですね。せっかく自身が伸びるチャンスを自ら放棄しているようなものです。

ひとりだけで物足りないとき初めて、ふたり以上のメンターを持てばいいのです。

19 嫌な仕事、乗り気でない仕事こそ率先してやる

▼自分から引き受けたほうが感謝され、評価も上がる

目標を達成できる人は、嫌な仕事、乗り気のしない仕事を率先してやります。組織である以上、嫌な仕事や乗り気のしない仕事も、だれかがやらなければなりません。

どうせやらなければならないのであれば、自分から率先して引き受け、早く片付けたほうが、みんなから感謝され、評価も上がります。そして、後回しにして、嫌々ながら渋々やるより、自分から引き受け、最初に終わらせようとすれば、やる気と勢いがありますから、早く的確に終えることができます。

私の新人時代の仕事は、英語と専門能力があまりにもなかったため、もっぱら、書類の整理・コピー、電話番、会議室の片付け、経理書類の単純計算、上司や先輩

のカバン持ちなど雑用のみでした。

つまり、だれもがしたくない嫌な仕事、乗り気のしない仕事です。

私同様新人で入ってきた人の中には、ハーバード大学を筆頭に、米国で一流と言われる「アイビー・リーグ」の大学やスタンフォード大学出身者がかなりいました。彼らは成績も頭もよく、無意識ではありましたが、エリート意識丸出しでした。

ですから、嫌な仕事、乗り気のしない仕事は、できるだけやらないように立ち回るのです。それで得した気分になっていたようです。しかし、実際には、結果的に大損していたのです。

なぜなら、それを見ていた上司や先輩たちは、彼らのそういったずるい振る舞いをしっかり見ており、厳しい評価をしたのです。

結局、彼らは、その評価に対しても不満を持ちました。そして、上司や先輩たちとうまくいかなくなり、自ら辞めていくか、辞めさせられるかの選択しか残された道はありませんでした。

これは人生を物語る非常に大事なポイントです。

仕事は好きなことばかりではありません。

特に新人のうちは、嫌なことや乗り気のしないことを頼まれたり、担当になることのほうが圧倒的に多いのです。また、「経験・知識がある先輩が、より高度で大事な仕事をし、後輩や新人がその補佐や雑務をする」という組織の常識から見ても、自然で当たり前なことなのです。

ところで、よくよく考えてみてください。嫌な仕事、乗り気のしない仕事を入社してから定年退職するまでずっとやることは、まずありません。おそらく、新人のうちだけでしょう。

目標を達成する人は、目の前にあることを全力でやります。それが、仕事におけるステップアップにつながることをよく理解しているからです。

ですから、嫌な仕事、乗り気のしない仕事でも、どんどんチャレンジして、バリバリやっていきます。

そして、それを見ている周りの人は、そのやる気と愚直な姿を高く評価し、だんだん大事で高度な仕事を頼んでくるのです。

私も入社後10年経ったら、同業で独立するという目標がありましたので、その会社の雑用を含め、すべての仕事や業務を学ぼうと、毎日全力で、どんな仕事も言われるままに徹底的にこなしました。

そのおかげで、独立した際、それまであらゆる業務をこなしていた経験から、嫌な仕事や気乗りしない仕事も含めて、社長である私自らバリバリこなしました。そして、小さいながらも会社もどんどん成果を出し、成長していきました。さらに、それを見ていた部下たちもどんどんまねしてがんばってくれました。

仕事において、いくつか基本になる言葉があります。私は特に、次の言葉を重んじてきました。

「一事が万事」

「若いうちは、自分から買ってでも人が嫌がる仕事を感謝しながらやる」

「嫌なことをし、苦労してきたぶんだけ、成長できる」

この言葉を胸に、私は特に若いときには、徹底してみんなが嫌がることや気乗りしないことを引き受けてやってきました。そのおかげで、逆にやりがいのある仕事や面白い仕事を頂いたとき、大きな感謝の気持ちが持てたのです。

嫌な仕事や気の乗らない仕事を、率先してどんどん前向きにやっていきましょう！　結局、人間的に成長できなければ、本物の目標などは達成できません。すべては、あなたの将来の目標のためです。

つまり、目標に早く近づきたければ「急がば回れ！」です。

20 「スランプ」から早く脱出する方法

▼だれでもスランプを経験する。私が見つけた短時間でスランプを克服する方法

仕事が速い人は、目標を早く達成させたいと思っています。でも現実には目標までの道のりにおいて、通常何度も「スランプ」を経験することになるでしょう。

私も何度となく「スランプ」を経験し、乗り越えてきました。「スランプ」を短期間で克服する自分なりの方法を見つけ出し、それを毎回実践してきたのです。

ちなみに私がやっている「スランプ」脱出法はふたつあります。

私のみならず、すでに多くの友人や後輩に紹介し、実践してもらった結果、かなり効果があることが証明されていますので、自分なりの方法がない方は、試されることをおすすめします。

まずひとつは、勉強することです。

その勉強方法もふたつあります。

ひとつは、夢を実現したり、目標を達成したりした人の本を読むことです。どうしてその人がその夢を持ち、目標を設定したのか。そして、その目標を達成させるために、具体的にどのような問題があり、どう乗り越えてきたのか。さらにそれまでにどのような努力をしたのかなどを学ぶのです。

通常、そうすることで、自分の「スランプ」が、いかに小さいものであるかを実感し、再度努力し、乗り越えていく決意ができるものです。

もし、それでも、まだやる気が出なければ、もうひとつの方法として、夢を実現した人、目標を達成した人の講演会やセミナーに参加して、生の話を聞いてみるのです。ほとんどの人は、感動し、感化されてがんばる気になるでしょう。

私も講演会やセミナーでは、単に経験、知識、ノウハウを語るだけではなく、参加者がどれだけやる気を出し、お教えしたことを実践して下さるかを最も大事な評価基準にしています。

つまり、参加者が、「ああ、今日の講演会は面白かった！」「今日のセミナーはためになった！」レベルでの満足度であれば、私はまったく納得がいきません。要するに、私にとっては、負けなのです。最も大事な成果である、参加者に「やる気を起こさせる」ことができなかったからです。

参加者が、「今日の講演会はすごく勉強になったし、俄然やる気が出た！　がんばるぞ！」と決意して、職場に戻って本当にがんばってもらうことができなかったら、私のその講演は失敗したことになります。

目標を達成してきた人たちは、それなりに、自己とのものすごい戦いを実践してきた人です。ですから、参加者は、話を聞いているだけでも、その戦いに勝ってきた苦労やパワーが伝わってきます。その自己との戦いのプロセスを生の声で聞くだけでも、ものすごく啓発されるはずです。

それでも、まだ迷いがあったり、やる気が出なければ、直接その講演者にでもいいですし、夢を実現させてきたり、目標を達成してきたりした上司や先輩に相談することです。

人生における尊敬できる先輩であれば、だれでもいいのですが、やはり「スランプ」を自分なりに何度も克服してきた経験とパワーのある人でないと、ただの話し合いや気休めの雑談になってしまうので気をつけてください。そうなるとお互い時間の無駄です。

相談相手としての適任者は、元々できる人ではなく、できなかったのに、努力や工夫で試練や苦難を乗り越え、やっとの思いで、目標を達成させた人です。そんな人の話のほうが、失敗談や苦労談が多く、参考になる上、やる気も出させてくれるでしょう。

私も頭が悪く、勉強も仕事もできなかったぶん、普通の人に比べると、かなり失敗や苦労を経験しましたが、今ではその失敗と苦労は、生涯の宝のようなものです。

そのおかげで、できない人の気持ちがよくわかります。

また、「どうしたらできない人が目標を達成させられるのか」や「どうやったら〝スランプ〟を克服できるのか」なども、自らの体験談を通して、具体的な方法を紹介できるので、割と説得力があるようです。

迷いがあったり、やる気が出なかったりしたときに、相談するとなぜいいのかと言いますと、自分が何で悩んでいるのか、またどこが「スランプ」の要因になっているのかが、相談しているうちに明確になっていくからなのです。そのように問題の本質がわかれば、解決はしやすくなるのです。

第2章

起床後！
１日をスタートさせる、
やる気が倍増する習慣

---

1 すばやく心身を起こす

▼シャワーを浴びながら自分とブレーンストーミング

起床したらすぐにシャワーを浴びるか、お風呂に入ることをおすすめします。

起きてすぐの時間は、寝ぼけており、頭が回っていないからです。まだ眠いために、椅子にでも座ってのんびりする人もいますが、ボーッとしているとあっと言う間に時間が経ってしまうので、とにかくテキパキと動くべきです。

一度起きたら、早朝の時間は有効に使いましょう。無駄にしたら、これだけもったいない時間帯はありません。1日の中で一番頭が冴えている時間ですから。

したがって、できるだけ頭を使う作業をして、その時間帯を最も効率的・効果的に使いたいものです。

問題は、起きてすぐの時間は半分寝ぼけていることです。ですから最も早く心身を起こす方法は、シャワーを浴びるか、お風呂に入ることなのです。これによって嫌でも一挙に目覚めます。

でも、せっかく起きたての最も頭が冴えている時間帯ですので、単にシャワーを浴びたり、お風呂に入ったりしているだけでは、時間がもったいない。

できれば、シャワーを浴びたり、お風呂に入ったりしながら、その日1日のやるべきことをもうひとりの自分とブレーンストーミングしてみると、さらに頭が冴えます。場合によっては、緊張感を与え、心身ともに活性化できて効果的です。起床直後、いきなり仕事するよりは、一度頭を使ったほうが、仕事もスムーズにいくことでしょう。

また、前日から何か考えごとをしていたのであれば、引き続き、シャワーを浴びながら、またはお風呂に入りながら考えてみてください。この朝一番で考える習慣が大切なのです。

その際のポイントは、**いいアイデアが浮かんだら、風呂場だろうと、トイレだろうと、どこでもメモ用紙と筆記用具を置いておいて、忘れる前にすぐにメモをする**ことです。

いいアイデアは、めったに浮かびませんし、出てきてもすぐ消えたり忘れたりするものです。

私の場合は、今は毎月1冊本を書くことをノルマにしていますので、本のタイトルやサブタイトル、またキャッチコピー、さらには目次・内容案が、時あるごとに無意識に出てきます。ですから早朝に風呂に入りながらもずっと考え、どんどんメモします。風呂場以外では、携帯電話のメモ機能もよく使います。

実は、今まで売れた本のアイデアは、すべてこの時間帯に思いつき、書き留めていったものなのです。ですから、私にとっては、1日のうちでも無駄にできない、最も貴重かつ黄金の時間帯のひとつなのです。

2　1日の出発点でやるべきこと

▼感謝の気持ちで1日をスタートすることで、しっかり成長できる

朝起きてすぐを１日の出発点として、おすすめしたいやるべきことがあります。毎日元気でがんばれることへの、感謝の気持ちを持つことです。

ちなみに私の場合、毎朝心の中で次のことに感謝します。

・この世に生を受けたこと
・今、自分が置かれている環境
・健康で働けること
・自分を支えてくれている家族、会社やさまざまな組織のメンバー、友人・知人、その他周りの人
・自分を守ってくれているすべての存在
・先祖や自分がお世話になった故人

これと同じ内容である必要はまったくありません。

大事なことは感謝の気持ちを朝から持つことです。お風呂に入っているときでも、朝食前でもです。朝起きて家を出る前、つまり最初に人に会う前であれば、いつでもいいのです。

数秒等、ほんのちょっとだけでもいいです。**その感謝の念を1日のスタート時点で持つだけでも、その日1日を前向きに謙虚に過ごせる原因を作れるのです。**

感謝は何に対してでも、だれに対してでもいいのです。周りにいる人全員でも結構です。1日の出発地点を、その感謝の気持ちで始めることが、目標を達成できる人になるための最高の原因になるのです。

感謝の気持ちを朝から持てれば、その日1日、会う人会う人みんなありがたい存在に見えてきます。

自分がなんとかここまでやってこられたのは、周りの一人ひとりの助けや応援があったおかげであることに心から感謝して、1日をスタートするのです。

もし、それを毎朝やれば、人間的に相当成長することでしょう。不思議と仕事やビジネス面も好転していき、しっかり成果が出ます。

「原因結果の法則」（いいことをすれば、いい結果が出るという自然の法則）からして、これは当たり前なのです。いい原因を積んでいっているため、どんどんいい結果が出てきます。その結果として、目標にもどんどん近づいていくのです。

3 目標に早く近づく強い決意と深い祈り

▼明日はないものとし、1日1日を大事にするという思いを確認する

朝出勤する前にすれば目標に早く近づくことがあります。それは、その日1日の目標を達成させるために強い決意をすること、そしてそれを深く祈ることです。

ここで言う「祈る」とは、心から真剣に強く強く願うことです。

それから、メモでも日記でもいいので、その決意と祈りの内容を朝書き留めることをおすすめします。書くことによって、目指すべきことがより明確で具体的になり、努力しやすくなるからです。

渋沢栄一は、時間を大切にするための心構えとして、今日1日で人生が終わることを覚悟して生きていました。その意識で1日1日を全力で過ごしていたのです。

あなたはもし、今日1日しか生きられないとしたらどうするでしょう。反応はさまざまだと思いますが、ほとんどの人は、その日1日を大切にするでしょう。それも、1分でも1秒でも、時間を惜しんで大切に使うことでしょう。

仕事が速い人は、同じ気持ちでやっているのです。同様に1日1日を本当に大事にします。明日はないものと思い、今日やるべきことを今日中に終わらせることに最大の努力をします。

なぜ、そんなに1日という単位にこだわることが大切なのでしょうか？

理由は簡単です。同じことの繰り返しである人生の最小単位が、1日であるからです。

東洋哲学では、朝起きることが、人生の「生」であり、夜寝ることが人生の「死」によくたとえられます。その考え方は、生きていく上で、ある種の真理を説いているのではないでしょうか。

というのは、どんな人でも1日は完結しているからです。起きてスタートし、寝るときにその日が終わるのです。ある意味で、人生と同じですよね。

人生での目標を達成するためには、まず達成することを強く決意することから始まります。何もしないで目標を達成する「棚から牡丹餅《ぼたもち》」のような奇跡的なことは、めったにありません。万が一、それで達成できたとしても、評価されるものではありません。また、それでは、その次の目標は達成できないでしょう。

人生の目標を達成させるためには、コツコツ努力するしかありません。人生の縮図である1日1日に目標を設定します。そして、その目標が達成できるよう朝強く決意し、深く祈るのです。

その目標に対する毎朝の強い決意と深い祈りは、あなたの言動を大きく変えてくれるでしょう。やること一つひとつに対して真剣になります。

日産自動車を立て直したカルロス・ゴーン社長兼CEO（当時）は、「目標を達成するために最も必要なことは、その目標に対して強くコミットメントすることだ」と言っています。

その〝強くコミットメントする〟とは、目標に対しての強い決意と深い祈りなのです。

それを1日の出発点である朝やれば、その日1日の目標が達成できる可能性が高まるのです。

4 戦略的観点から服装をチェックする

▼自分の好みよりも、相手の価値観を優先させる

仕事柄、毎日いろいろな人にお会いします。人によっては、お会いするなり「もったいないなあ……」と思わせられることがあります。なぜなら、あまりにも、服装に無頓着だからです。

その人が相手に頼まれる側であれば、それでもいいのかもしれません。が、頼む側にもかかわらず、お願いする相手に不快感を与えるような服装をされる方がいるのです。特に若手に多いのです。

変な話ですよね！　自分より役職、立場、経験、年齢、社会的評価等々が上の人にお会いし、お願いするのに、その相手に不快感を与えるような服装をしていくなんて。最初から、相手に断られる原因を作っているも同然です。

「自業自得」「自分で自分の首を絞める」とは、このことを言うのでしょう。

自分が好きだからという理由で、お会いする相手に嫌な思いをさせるような服装

をすることは、社会人としても人間としても失格です。やはり、相手に敬意を表する気持ちがあれば、最低でも相手に不快感を与える服装は避けるべきでしょう。できれば、相手が安心したり、気に入る服装で会うべきでしょう。

こんな簡単なことなのですが、残念ながら、最近、特に若い人の間では守られなくなってきました。

相手の気持ちよりファッション性やカッコよさをもっと大事にするからです。つまり、相手の価値観より、自分の好みのほうを優先するのです。

それって、すごく失礼なことだとは思いませんか。

遊びに行くならそれでも構いません。

しかし、真剣なビジネスの場では、競争相手と食うか食われるかの熾烈《しれつ》な競争を繰り広げています。

その場合、相手があなた、またはあなたの会社とビジネスを始めてくれるかどうかは、プレゼンテーションの内容だとか、会社の実績だとか、さまざまなテクニカルなことや信用が影響するとは思いますが、**一番大事で決定的なことは、自分が相手に好かれるかどうかです。**

どんなに素晴らしい会社に勤め、どんなにすごいプレゼンや話ができたとしても、あなたが相手に気に入られなければ、商売にはなりません。相手も人の子、感情の生き物である人間だということを忘れてはいけません。

つまり、しょせん、人間は好き嫌いでものごとを決めているのです。決める根拠は理屈や論理ではありません。

そんな観点で、毎朝、その日に会う人々を、まず確認しましょう。そして、会う相手全員が気に入ってくれる中立的な服装を選びましょう。

ビジネスというプロの世界に生きているのですから、自分の好き嫌いで服装を選ぶのはやめましょう。喜ばせなければならない人、評価してもらわなければならない人、信用してもらわなければならない人、好かれなければならない人は、あなた自身ではありません。お会いする相手なのです。

そうでなければ、ちょっとしたあなたの軽率な格好のために、せっかく過去に努力を重ねて築いてきた相手との人間関係が、一瞬にして、おじゃんになってしまうのです。

こんな損なことはないですよね！

ですから、少しぐらい自分が嫌いな服装でも我慢して、相手が安心したり、好む服装でお会いするようにしましょう！

第3章

通勤時間！
朝に勝つ人は1日に勝つ、
1日に勝つ人は人生に勝つ

1 その日の情報を得る時間に充てる
2 新聞、雑誌、本を出社前にチェックする
3 何もしない時間に、新しいことやアイデアを考えてみる
4 移動中に思いついたことは、すぐに携帯電話に記録する

1 その日の情報を得る時間に充てる

▼広告を見れば旬の情報だけではなく、次にヒットするものも見えてくる

目標を達成できる人とそうでない人の大きな違いのひとつは、出勤時の時間の使い方だと私は思っています。

「朝に勝てる人は1日に勝て、1日に勝てる人は人生に勝てる」

これは、私がいつも肝に銘じている言葉です。

朝起きてから家を出るまでに何をするかは大事ですが、せっかく家で充実した時間を過ごすことができても、出勤時を無駄にしては、その日1日を台無しにしてしまいます。

出勤時は、とにかくその日の情報を得る時間に充てましょう！　特に、電車・バスの中吊り広告やタクシー内の広告など、目に入る、ありとあらゆる広告・宣伝の内容をじっくり観察しましょう。

宣伝・広告を見ると、その時々の旬なことがわかるし、センスのある人なら次にヒットしたり、売れそうなものも見えてきます。

特に電車、バス、タクシーなどにある広告メッセージは、利用者全員に訴えかけていますので、とてもわかりやすいものが多いのです。それをじっくり学び分析すれば、普段の仕事や生活に使えるのです。

考えてみてください。それらはすべてプロ中のプロが創っているのです。それも、大変な時間をかけて工夫を凝らしてです。

それら宣伝・広告の一つひとつのメッセージの重みと深さを噛み締め、将来の仕事に応用しない手はありません。それが目標を達成できる人とそうでない人との決定的な違いでもあります。

宣伝・広告を分析することは、ビジネスセンスを養うのにもってこいなのです。

ビジネスセンスで最も大事なもののひとつに、営業・マーケティング力がありま す。この営業・マーケティング力のない人は、なかなか大成できないのです。

その時々の宣伝・広告を見れば、もちろん全部ではないのですが、世の中の最先端の流れや最新情報が得られます。

その世の中の最新情報を得て、もっと調べ、分析すれば、近い将来の方向性も見えてくるものです。

ぜひ一度試してみてください。どれだけ、センスが養われるか実感することでしょう。

2 新聞、雑誌、本を出社前にチェックする

▼継続することが、とても大事な自分への先行投資

出勤途中はその日1日に知っておくべき最新情報を得る絶好のタイミングです。私は30分（電車に乗っているのは25分位ですが）という短い通勤時間は、乗り物の中での宣伝・広告から旬な情報を得る一方、徹底的に新聞、雑誌、本を読むのに充てています。

特に新聞は電車の中で、「日本経済新聞」「日経産業新聞」「日経流通新聞」「朝日新聞」の4紙を読みます。会社に到着したら、さらに「フジサンケイ・ビジネスアイ」「日刊工業新聞」をはじめ、他の経済新聞、一般紙、専門紙など、計4紙に目を通します。

慣れていることもあって、出勤途中では通常新聞4紙を読み終えますので、その後は、あれば「日経ビジネス」「日経ベンチャー」「週刊ダイヤモンド」「週刊東洋経済」「THE21」などの月刊・週刊のビジネス誌にも目を通します。

私の場合、仕事柄、たまたまそのような新聞や雑誌を情報入手の媒体としていますが、どんな媒体でもいいと思います。

いろいろな新聞や雑誌に目を通し、あなたの仕事にとって、一番役立つ情報を提供してくれる媒体を、経済的に可能な限り、入手して購読し続けることをおすすめします。

これは、とても大事な自分への先行投資だと思って、ケチらず実行してみてください。私も大学1年生のときから、30年以上ずっと続けています。

22歳から42歳までほとんど米国にいましたが、それでも毎朝、日米両国の新聞、雑誌、本を読み続けていました。それが後々、莫大な量のビジネスの知識を増やし、ビジネスセンスを養う上で、相当な威力を発揮してくれました。

国際経営コンサルタントという仕事柄、とても役立ったのです。スピード出世させて頂いたのは、そのおかげもあると痛感しています。これは続けてやってみた人でないと、その効果についてピンとこないでしょう。

ところで、なぜそこまで、出勤中の時間を最新情報収集に使ったほうがよいかわかりますか？

理由は、簡単に理解頂けると思います。

と言うのは、仕事が速いビジネスパーソンほど、忙しく、日中多くの仕事をこなします。ですから、集中して情報収集できる時間がとれるのは、出勤時くらいしかないのです。

できるビジネスパーソンにとっては、一度職場に着いたら戦争が始まります。人より早く出勤したとしても、最新の情報収集に使える時間は、皆が出社してくる前くらいです。現に、ある程度責任のある立場で、担当を持っていれば、職場に着くなり、Eメール、ファクス、上司からの依頼、同僚からの相談、部下からの報告など、やらなければならないことは山ほどあるのです。

それでは、忙しいからといって、日々最新情報を収集しなくていいのでしょうか？

まったく逆なのです。忙しいからこそ、いろいろな仕事について瞬時にスピーディーに判断し、処理していかなければなりません。

そのため、少しでも、今、世の中で起こっている最新情報や変化を把握すること

は、意思決定や処理の仕方で間違いを少なくする最も効果的な方法のひとつなので

す。

また、責任や役職が高まれば高まるほど、ちょっとしたことで、今起こっている事柄に関して意見を求められることや、議論し合わなければならないことも多くなってきます。そのとき、〝まったく知りません〟では、あなたの評価や信用力を下げることになります。

「塵も積もれば山となる」ではないですが、毎日欠かさず情報収集していれば、どんどん知識も増えます。そして、知識が増えれば、思考能力も高まり、意思決定力や情報・仕事の処理能力もだんだん高まっていきます。

時間があれば、出勤時でも、新聞や雑誌のみならず、本もどんどん読むべきです。

ひとりの人間の体験は限られていますから、多くの本を読むことで、たくさんの人の体験談や考え方を吸収できます。それは、仕事をする上で、意思決定を助ける大事な情報になります。また、朝は一番頭が冴えていますから、短時間でも集中して読めば、頭の中に叩き込まれ、仕事の大事な場面で、その情報が蘇ってくることも往々にしてあります。

私は、その日読んだ新聞や雑誌の記事や本の内容で大事なことは、必ずその日のうちにだれかと情報・意見交換することにしています。それによって、より理解や解釈が深まり、新たな発見があるのと同時に、その件に関しての問題意識は、その後ずっと維持できるのです。

ですから、かなり時間が経った後でも、そのことに関する大事な事件が起こった場合、すぐに関係づけられるのみならず、迅速な対応や処理ができるようになります。

最後に、忘れてはいけないことがあります。

新聞や雑誌、また本で重要な情報や言葉を見つけたら、必ずコピーし、ファイルしておきましょう。それも、後で必要になったらすぐに出せるよう、効率的にファイルするのです。

また、定期的にそのファイルをレビューし、文章を書いたり、スピーチしたりする際にも引用すると、かなり説得力が増す上、勉強家として、あなたの評価が高くなるでしょう。

逆に私が知る限り、新聞、雑誌、本などを毎日読まないで、目標を達成した人はいません。これは、できるビジネスパーソンとしては、当たり前中の当たり前なのでしょう。

ですから、その当たり前のことができない人は、時間の問題で負け組入りしていくと思います。実際に私の周りで仕事のできない人は、例外なく、新聞、雑誌、本を読んでいません。

「目標を達成したい人は、まず何をおいても勉強熱心でなければならない」と、目標を達成した人ならだれもが思っていることでしょう！

3 何もしない時間に、新しいことやアイデアを考えてみる

▼せっかくの空白の時間に、新たな発見をしヒットの種をまく

すでに紹介しましたが、出勤途中は、比較的頭が冴えている時間帯でもあるので、情報収集のために使うと、理解しやすく覚えやすいので効果的です。電車・バス・タクシーの車内広告・宣伝や、新聞、雑誌、本からの文字やメッセージを通して最新情報を得るのは、仕事が速い人にとっては、当たり前です。

さらにおすすめしたいのは、**自分ひとりになれるせっかくの移動時間を、少しでも無駄にせず、絶えず何か新しいことを発見するためのチャンスとして生かすこと**です。

車外の風景や車内の様子、人の会話・動きから、問題意識の高い人は、新たな発見をし、あるいは感動的なことを見つけます。

できる人は、実はそれらを仕事や生き方に生かすのです。

私の場合、仕事上の新企画・提案や執筆の内容・項目を絶えず探していますので、車内外での何気ない風景や様子、またはそこで起こっている出来事などが、普段事務所や自宅ではなかなか思いつかない、貴重なヒントやアイデアを与えてくれます。

おそらく、空白の時間ができたら、いつも無意識のうちに考えるということをしているので、何かの光景に接して、突然新しい仕事の仕方や出版企画・項目が浮かんだりするのです。それが、かなり独創的な発想やアイデアとなることが多いため、仕事上、大変助かっています。

今まで私の企画や提案でヒットしたもので、かなりが、この出勤時の何もしていない空白時間中に、自然と出てきたものなのです。

そんなとき、私は思わず書き留めます。いいアイデアほど、突然出てきて、メモをとらなければすぐに忘れてしまって、二度と思い出せなくなってしまうものです。

ですから、私は移動中でも、何かを見て新しいことを発見したりいいアイデアが浮かんだりしたら、すぐにメモをとれるよう、メモ帳とペンはいつもポケットの中に忍ばせています。

よく、1日中机の前に座って、いいアイデアが浮かばないと嘆いている人がいます。

そんな人は、毎日の出勤時間を利用して、車内外のものを観察しながら、ひとりでブレーンストーミングしてみてください。私の友人たちに言ったら、皆すぐにまねをして、私同様、効果抜群のようです。どんどん新しい発見と、いいアイデアが浮かんでくるとのことで、とても喜ばれています。

4 移動中に思いついたことは、すぐに携帯電話に記録する

▼その瞬間に記録をとることが、すごい成果を生む

朝の出勤時に、車内や移動中に新しいことやアイデアを考えることの有効性は、すでに述べました。

普段から問題意識を持ち、現状を打破しようとしている人は、絶えず新しいことやアイデアを模索しています。したがって、移動中に突然いいアイデアが浮かぶことが往々にしてあるのです。

私もこの移動時間が、とても大事な新しいアイデア発見のチャンスになっています。それによって、過去どれだけ仕事に貢献できたかは、計り知れないものがあります。それだけ私にとって欠かせない有効な時間であり、仕事術の実践の場なのです。

　また、目標達成意欲のある向上心の強い人は、移動中どんどん大事なことを思いつく傾向があります。それほど、仕事や人生に対して真剣に取り組み、悩み、成果を出していこうとする気概があるからだと思います。

　そこで、大きな差がつくことがあります。

　せっかく大事なことが浮かんできても、移動中で面倒くさいとか、書くものがないからという理由で書き留めない人がいます。これは、またとない自分向上や問題解決のチャンスを逃してしまうので、とてももったいないことです。

　なぜもったいないかと言いますと、こうしたときに浮かんできた素晴らしいアイデア、企画、案、考え方、方法などを具現化した場合、仕事上、すごい成果を生むことがよくあるからなのです。

　すぐにメモをとれない気持ちや状況にある人には、次のことをおすすめします。

　今はほとんどの人が携帯電話を持ち歩いているのですから、ぜひ**携帯電話のメモ、メール、あるいは録音機能を使って記録してみてください**。とても便利ですよ！

　私は、移動中どんどん大事なことを思いついてしまいます。特に頭が冴え、体を動かしている朝の出勤時に、です。

どういう訳か、事務所にいて座って考えるより、移動しているときや体を動かしているときのほうが、いいアイデアや大事なことが比較にならないほど思い浮かびやすいのです。朝は頭が冴えているので、なおさらそのアイデアや大事なことの内容が、明確になるのです。

絶えずさまざまなことを考え、問題解決や新企画を模索しているからなのでしょうか。

超満員電車の中だったり、急いで歩いているときだったりで、とてもすぐに書き留められる状況・体勢でないことが多いのです。でも記録しておかないと、もう二度とそのことを思い出せなくなってしまうことも往々にしてありました。どんどん歳をとっていくこれからは、記憶力もだんだん衰えていくでしょうから、なおさらです。

ですから、その度ごとに、携帯電話にメモるなり声を録音するなりします。記録したものを印刷したければ、自宅か事務所のパソコンにメールします。そうすると、自宅や事務所のパソコンからすぐに印刷、つまり書面化して使えるのです。

実は私はこの方法で、本や雑誌の原稿も書いています。

本業の経営コンサルティングと会社経営で、社内外での会議が多いことも手伝ってか、なかなか自宅や事務所で落ち着いて文字を書いている時間がとれません。

そんな状況で、自宅や事務所で考えていたときには、まず浮かばないようないいアイデアやメッセージが、移動中にポンと出てくることが多いのです。そのときは、瞬時に携帯電話に記録します。

そして、それをすぐにパソコンに送り、見出しや原稿の一部として使うのです。

この方法のおかげで、今、１カ月に１冊以上の本を書くペースが保たれているのです。忙しい人には、朝がさらに生産的になりますので、ぜひ試してみてください。

第 4 章

朝一番！
会社に着いて、やるべきこと

---

1 １日の目標を設定する
2 やるべきことをリストアップする
3 モチベーションを意識する「反省・夢・目標ノート」をつける
4 スケジュールの組み方が戦略的かどうかをチェックする
5 仕事の優先順位を決める
6 受信したＥメールは朝のうちに返す
7 昨日会った人への礼状を出す

1 1日の目標を設定する

▼数分でできる心の準備で仕事は速くなる

私は、会社に着くなり毎朝やることがあります。それは、その日1日の目標を設定することです。

その日1日のスケジュールを確認しながら、一つひとつの会議、イベント、講演、執筆、プレゼンなど、その日のすべての活動に関する、達成すべき目標を一瞬のうちに立てるのです。

たとえば、当社では毎週月曜日早朝に、約1時間、社員や関係者全員を集めて朝礼をします。ですから月曜日の朝は、会社に着くなり、その日の朝礼の成果となる具体的な行動計画をイメージし、朝礼前に決めて臨みます。つまり、だれがいつまでに何をどのようにするのか、またその収支を私なりに見積もるのです。

当社の場合、本体である親会社での事業は現時点で5つあります。

経営・起業コンサルティング、チェーン・レストランの経営、セミナー・イベント企画・運営、出版企画・執筆、人材派遣・紹介が主な事業です。ちなみにそれら以外に、子会社や関連会社の事業もあります。

朝礼では、各事業部と関係者の具体的な行動計画を明確にし、お互いに目標を設定・確認し合います。

目標というのは、一生かけて達成したいというものから始まって、さまざまな期間に対して設定できます。ただ、私は最短の期間で意味を成すのは、1日の目標だと思っています。人間の生活上、完結した最短の期間単位が1日だからです。長い一生の目標でも、しょせん1日1日の目標の積み重ねで成り立っています。その1日1日の努力の積み重ねで、初めて一生の目標を達成できる可能性が高まるのです。

1日の目標は、あなたがそれを設定することでがんばれるのであれば、何でもいいと思います。

私の場合、主に経営コンサルティング、講演、執筆、自社の経営、営業の5つの業務を毎日こなさなければなりませんので、会社に着くなり、それらの業務ごとに一つひとつ目標を設定・確認します。

具体的には、執筆であれば、「A出版社から出る本の第3章の原稿（約30ページ）をその日のうちに書き終える」。

営業であれば、午前中B社の社長、午後C社とD社の社長、夜食事をしながらE社の社長とお会いするとすると、それぞれ「どこまで、営業上のプレゼンをし、どこまで人間関係を深めるか」という目標を設定します。

これによって、私の中でその日にやるべき一つひとつの仕事が確認でき、成果を出すことへの決意と執念を固めることができるのです。そして、その結果、ひとつのことをやっているときは、他のことを心配せずに集中して全力でがんばれるのです。

これは、ちょっとしたことで、そんなに時間を要しません。たかだか数分、慣れてくれば実は1分もかからない作業なのです。でも、そうすることで、気合が入り、1日の集中力とやる気が倍増できます。

その日に起こる一つひとつのイベントに対する、ある種の心の準備にもなります。

心の準備がしっかりできていれば、適切な対応がしやすくなり、仕事が速くなるのです。

2 やるべきことをリストアップする

▼具体的にどんな方法で、いつまでにやるかを決める

先日、大きな夢を持ち、それに合わせた目標を設定しているというFさんから相談を受けました。毎日その目標に向かって一生懸命やっているのに、なかなか目標に近づかないとのこと。

早速お会いして話を聞いてみると、確かに一生懸命がんばっているのは、すぐにわかりました。でも、問題点がいくつもありました。

その中で一番問題だと思ったのが、長期的な高い目標を設定し、年間目標を掲げているものの、それを達成させるために日々やるべきことをしっかり把握していないことです。要所要所でそのことを質問しても、答えはいつも同じ。「ただ根性でがんばるだけ」だと言うのです。

よく「今は集中と選択の時代に入った」と言われます。我々個人の仕事と人生においても、それは当てはまることだと思います。

仕事を速くこなし、仕事や人生の目標を達成させるためには、逆算して、まず1日の目標を設定し、それを達成していかなければなりません。その積み重ねがあって、初めて仕事や人生においての大きな目標が達成できるのです。

前述した人生の夢や仕事の目標を達成してきたワタミの渡邉美樹社長も、そのことが成功のカギだと、時あるごとに語られています。

「夢に日付をつけよう！」と。

ですから、Fさんには、毎朝出勤後に、まずその日のうちにやるべきことをリストアップすること、そして、自分を含め、だれがその日のいつまでに、具体的にどのような方法・手段でやるのかを確認することをすすめました。

Fさんの場合、普通の人同様、ただ単に、その日にやること、つまり会議・打ち合わせや訪問などのスケジュール管理はできていました。しかし、それは、目標を達成できない人でも、仕事をしている人なら全員がやっている当たり前中の当たり前のことです。

それをしたからといって、何も他人と差がつくことはありません。皆がやっていることなのですから。

それよりも、スケジュールを確認すると同時に、それにかかわる、またそれ以外の部分で、やるべきことをリストアップするのです。

たとえば、午後2時にG社のH課長に営業でお会いするとします。たかだか短時間の面談かもしれません。でも、もし真剣に短期間で営業成果を出す目標があれば、それまでに準備しなければならないことは山ほどあるはずです。

単なる顔合わせや雑談で終わらせないためには、相手の心を動かすことをしなければならないのです。最低でも、相手の会社や人物のことは徹底的に調べ、情報を入手・分析しておかなければ、いい提案などできません。

出勤直後に、その日1日のやるべきことをリストアップするのは、スケジュールと目標の再確認のために、大変有効な作業です。

頭が冴えている早朝に、やるべきことをリストアップするのは、考えていることの整理にもなり、内容が頭の中に叩き込まれるのです。そして、その日の途中でも、確認事項としてすぐに思い出されることでしょう。

そのリストは、その日1日、いつでもどこでもすぐに見られるようにするため、持ち歩きましょう。できれば、そのための携帯用のメモ帳やノートを作っておくと便利です。

私の場合、携帯電話のメモやメール機能をフル活用し、必要であればパソコンにメールで送り、印刷して、将来でのチェック・参考のために保存・管理しています。

3 モチベーションを意識する「反省・夢・目標ノート」をつける

▼何度も自分に目標を言い聞かせるツールを作る

どんなにがんばっている人でも、「スランプ」はやってきます。また、しょせん人間は弱いものですから、落ち込んだり、忙し過ぎたりして、ついつい夢を忘れ、目標を見失ってしまうことも往々にしてあるものです。

今でこそ少なくなりましたが、私も40歳になるまでは、「スランプ」や、夢・目標を見失ってしまうような出来事に、たびたび襲われました。

そんなとき、効果があったのが、モチベーションやる気を高めるノート作りでした。人によっては、日記をそのように活用している人もいます。よく、スポーツ選手がやっているものです。

当社では、業務日報を、単にその日の業務報告だけに使うのではなく、目標達成の観点から、仕事上の反省や意識改革のために利用するよう、時あるごとに訴えています。社員に自ら夢や目標に向かってがんばり続けてもらいたい、との切実な思いからです。

朝出社してすぐに、目標達成意識の再確認のため、ノートに書いて自らを律することは、1日をがんばろうとする決意を強化し、その日を充実したものにしてくれます。

人間は不思議な生き物です。何度も何度も毎日、自分に夢や目標を言い聞かせていれば、そうなるよう強い願いと執念と祈りが出てくるものです。

私自身がその体験をしてきました。

勉強ができず、英語が超苦手だったのですが、英語を駆使した「国際経営コンサルタントになる！」という夢兼目標を突然持ちました。

そしてその夢兼目標を書き込んだ〝目標ノート〟なるものに、毎日の反省や決意を書き込んでいるうちに、強い願いと執念と祈りが出てきたのです。それで時間とともに絶対に叶う気がしてきたのです。

そのノートのおかげで絶対に叶うという自己暗示にかかった私は、毎朝どうしたらその夢兼目標を達成できるかを考え、アイデアや方法をどんどん書いていったのです。その書いたことは、必ず毎日試し、実践してみました。

結果的にその中で効果的だったことをずっと続けたことで、気がついたら「国際経営コンサルタント」になれていました。

ビジネス作家になろうと決意したときも同じです。

国語が小学校から大の苦手で、学校時代は国語のテストで赤点以外とったことがありませんでした。

それでも、あるときから、本業である国際経営コンサルティング会社の経営と、「国際経営コンサルタント」としての仕事以外に、元々夢だったビジネス作家になることを真剣に考えるようになりました。

それで、早速、自分の目標ノートに、「ビジネス作家になる！」と書いて、それを実現するための具体的な戦略と行動計画も書いたのです。それを毎朝出勤と同時に見つめ、書き添えていきました。

まず、目標として、本の執筆のためのセミナーに参加して、ビジネス書の書き方、どうしたら出版できるかなどについて学ぶ——と、ノートに記したのです。

そして、その通り、セミナーに参加して、そのノウハウを学び、さらに出版社にアプローチして、本を出すことができたのです。

簡単にできたように聞こえるかもしれませんが、何度も何度も挑戦し、失敗し続けたのです。挑戦してはダメになるたびに、その悔しさと敗者復活のための決意をノートに書いていきました。

もし、あのとき、自分のその目標ノートに、夢と目標、そしてそれを実現するための戦略と行動計画を書いて、毎日反省と再確認・決意をしていなければ、未だに本を出版するという夢は叶っていなかったことでしょう。

ポイントは、ノートに書きっぱなしにするのではなく、毎日、夢や目標を読んで再確認し、それに向けての決意・反省・戦略・行動計画などを書くことで、意識と行動力を高めていくことです。

これを頭の冴えている朝、毎日行うことで、ものすごい意識改革になり、不可能を可能にする原因を積んでいくことになるのです。

4 スケジュールの組み方が戦略的かどうかをチェックする

▼早朝にすること、午後にすること。どの時間帯がベストなのかチェックする

私も昔そうだったのですが、1日の仕事のスケジュールを戦略的に立てない人が多いようです。

特に早朝の使い方は、とても大事だという点が意外と考えられていません。

というのは、早朝は1日の中で一番頭が冴えているので、創造的な仕事など、最も頭を使う時間に充《あ》てるべきなのです。

知人で、まったく逆のことをしている人がいます。

彼はいつも文句を言っています。

「せっかく落ち着いて考えたり創造的な仕事をしようとしているのに、来客や社員の応対に朝から追われて、何もできやしない！」

違うのです！　早朝から会議や面談を入れるからそうなるのです。

早朝は、できるだけひとりで創造的な仕事の時間に使うべきなのです。万が一、会議や面談を入れるとしても、午後にできる普通の会議・面談ではなく、きわめて頭を使う企画や新規事業などの戦略的な打ち合わせのみにするべきです。

また、同じような会議や作業を立て続けでスケジュールに入れる人がいます。これも戦略的ではありません。

なぜなら、人間は同じようなことを長時間何度もしていれば、すぐに飽きてしまうからです。そして、集中力が落ち、ミスや失敗をする確率が高くなるのです。

逆のケースもあります。一度に同じようなこと、たとえば、評価・査定のために社員と定期的な面談をする場合、公正に同じ基準で評価できるようにするために、できれば連続して同レベルの社員との面談を入れたほうが、より正しく評価する観点から、効果的・効率的です。

ポイントは、**成功のカギになる視点から見たときに、あなたのスケジュールの組み方が、生産性・効率・効果・創造性・正確性などの面でベストかどうかをチェックし、そうなっていなければ、自分にとって最も戦略的で有効なスケジュールに絶**

えず変えることです。

アポというものは、どんどん後から入ってくるのです。ですから、戦略的観点から、最適なタイミングにアポを入れるようにしましょう！

5 仕事の優先順位を決める

▼優先順位を決めるポイントは仕事の重要度。重要度の低い仕事は、あなたがやらなくてもいい

仕事柄、さまざまな方とお会いしてきて、仕事が速い人と遅い人との決定的な違いに気づきました。それは、常時仕事に優先順位をつけて、重要なことから終わらせていっているかどうかなのです。

これができない人は、例外なく仕事ができません。ですから、目標も達成できない人なのです。

どんな人にも仕事ができる時間には限界があります。生身の体ですから。組織の中で上に行けば行くほど、責任と仕事量が増えるため、さらに限りが出てきます。

残念ながら、職場ですべての仕事を受けてこなすだけの時間的余裕は、よほど暇な人を除いて、仕事のできる人にはありません。

ですから、仕事は選び、集中してやらなければならないのです。まさに仕事においても、成功のカギは、「選択と集中」なのです。

選ばなければならないのですから、会社・組織、そして自分にとって最も重要なことからやるべきです。それをしない場合、間違いなくトラブルが起きます。

朝、職場に着いたら、その日のスケジュールを確認すると同時に、やるべきことの優先順位をつけましょう！　もちろん重要な順にですが、ポイントは、その日、会社と組織、そしてあなたにとって、最も重要な仕事を完成させることです。

重要でも、その日に終わらせなくてもいい仕事は、後に回してください。

自分にとって重要でないことは、他の人にやってもらいましょう。

もし、時間がかかっても自分がやらなければならない仕事であるならば、締切日から逆算して、いつまでにどのような手順でやるのかなどの綿密なスケジュールと行動計画を絶対に先に立てておきましょう。着手しなければならなくなったときでは遅過ぎます。

そうしなければ、いい加減な目論見《もくろみ》から予測が甘くなり、間に合わなくなることが往々にしてあるからです。

優先順位は仕事のプロにしてみれば当たり前なのですが、わからない人は次のようにして決めてください。

1　最も重要で、今すぐ終わらせなければならない仕事
2　最も重要で、今日中に終わらせなければならない仕事
3　重要で、今日中に終わらせなければならない仕事
4　最も重要だが、今日中でなくてもいい仕事
5　重要だが、今日中でなくてもいい仕事
6　重要ではないが、今やったほうがいい仕事
7　重要ではないが、今日中にやったほうがいい仕事

おわかりのように、優先順位を決めるのは、締切のタイミングではなく、重要度です。重要でないことは、特に重要なことを犠牲にしてまで締切に間に合わせなくてもいいのです。場合によっては、やらなくてもいいこともあるので、しっかり確認してください。

考え方としてはこうです。

どんなにがんばっても、ひとりの人の仕事ができる時間には限りがあるのです。

ですから、すべての仕事を、今パニックになって無理してやることで間に合わせる必要は、まったくないのです。

6 受信したEメールは朝のうちに返す

▼相手はあなたからの返信を待っている。とにかく早く返すことが大事

受信している大事なEメールは、朝、特にまだ忙しくない早朝のうちに返信しておくべきです。

理由は簡単なのです。

おそらく、皆さんも経験しているはずです。返信できるうちに返信しておかないと、だんだん緊急案件で忙しくなって、とてもすべてのEメールに返信する時間はなくなるのです。

というのも、Eメールというものは、時が経てば経つほど、次々送られてきます。早朝のうちに返信しておかないと、その日の営業時間のうちに返信できる可能性は、どんどんなくなっていくからです。

私も毎日重要なEメールが500通近く送られてきます。朝出社してメールを開いた瞬間、溜息が出るほど多くの重要なEメールが届いています。読むのも必死で

すが、返信するのも大事な仕事なので、戦いのようなものです。

Eメールは受信を確認し、読んだ時点で、簡単でもいいのでポイントをおさえて返事を書いて送っておくべきでしょう。そうしないと、その日の夕方まで、まず返せなくなってしまうのです。

もし、相手が早い返信を期待している場合、内容の完璧さを求めるよりも、とにかく早く返すことのほうが、より大事であることが多いのです。

ちなみに、Eメールで連絡があった場合、相手はあなたからのより早い返信を待っていることを自覚すべきでしょう。

Eメールでは、余計なことを書く必要はまったくないのです。ポイントだけでいいので返信するスピードが最も大事です。

ただしスピーディーに要領を得た返信を書くためには、コツが必要です。

そのコツを簡単に説明すると、まず結論から先に書きます。そして、相手の質問内容順、または重要度順に箇条書きで回答します。

その後、必要であれば詳細な説明を加えます。ただし、詳細な説明はわかりにくく、誤解されやすいので、後に電話か面談で再確認させて頂きたい旨を伝えるのです。

普段から一つひとつのEメールに対して、そのように迅速な対応ができるように努力したいものです。

そのためにも、受信メールのボックスはそのままにしないで、どんどん返信して、重要なもの以外は消しておくべきです。返信せずに溜めておくと、返信しなければならないプレッシャーから、精神衛生上よくないのです。

7 昨日会った人への礼状を出す

▼お会いした一人ひとりを大事にするという気持ちを表現する確実な手段

目標を達成できる人は、人間関係構築のプロです。お会いした一人ひとりを大事にします。

お会いした後の対応もとてもよいので、相手に好感を持たれます。場合によっては何度もお会いしているうちに、相手が自分のファンになってくれることもあるのです。

近年、Ｅメールでのやりとりが普及しているために、お礼をメールで送る人が多くなってきています。確かに、Ｅメールでも、出さないよりはましです。

しかし、**心から感謝の意を表現したければ、きちんとした丁寧な礼状を、直筆の手紙という形で郵送したほうが、確実に感謝されるでしょうし、あなたの評価は高まります。**

礼状を出すタイミングとしては、お会いした翌日の朝までが望ましいのです。お会いしたその日のうちでもいいでしょう。ですが、できる人ほど多忙ですから、その日に落ち着いて手紙を書く時間がないことが常でしょう。

あまり、日にちをあけて出してしまうと、今度はせっかくの丁寧な手紙が相手から見て、間が抜けて映ります。効力が薄れてしまうのです。

ポイントは、できるだけ早く送ることです。遅くても次の日の午前中に書いて発送するべきです。

送る側としては、お会いした直後に手紙を書けば、記憶が新しいことから、相手のハートをつかむ中身の濃いパーソナルな内容にしやすいのです。

また、手紙のいいところは、Eメールと違って、直筆で心をこめて書けますので、丁寧さ、誠実さ、感謝の意がより伝わりやすい点です。

たとえば、ワタミの渡邉社長から、何度か直筆で頂いた手紙には、次のようなフレーズがありました。

「私にとっても浜口社長との出会いは、一生の出会いだと感じております。必ずや、日本の新しい文化を作りましょう」また、「……弊社のメンバーも浜口さんの人柄に完全に魅了されております。私も浜口さんに会うたびごとに、浜口さんに教えていただいています。すべてに感謝します。再会を楽しみにしております……」

相手のハートをガッチリつかむ、中身の濃いパーソナルな内容の手紙ではないでしょうか。

ひとりの人間ができることは限られています。深い人間関係でできた強力な人的ネットワークは、広げられれば広げられるほど、より目標を達成しやすくなるのです。

人との深い人間関係構築のためには、まず手紙を書くことです。丁寧な心のこもった手紙は、受け手を感動させるのみならず、また会いたくさせるものなのです。

第5章

午前中！頭を使う仕事を集中させる

1 元気なあいさつが仕事の成果を上げる
2 一番冴えている時間に頭を使う
3 朝に文章を書く習慣をつける
4 重要な会議は午前中に行う
5 わからないことは、その場で聞く

1 元気なあいさつが仕事の成果を上げる

▼業績のいい会社では、元気のいいあいさつを自然に実行している

「目標を達成できる人＝仕事ができる人」

だれもが納得してくれるであろう等式ではないでしょうか。

ところで、仕事ができる人は、きちっとしたあいさつができます。特に心をこめて元気よくあいさつします。それも自然にできるのです。

心のこもった元気なあいさつができることは、仕事ができるようになるためのカギになります。なぜなら、仕事は気合や勢いでやるものだからです。

心がこもっていなかったり、元気がなかったら、その姿勢がそっくりそのまま、仕事の態度や成果につながるのです。

ですから、業績のいい会社や組織では、メンバーは心をこめて元気のいいあいさつを自然に実行しているのです。

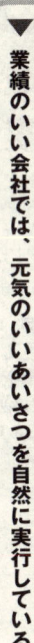

朝は1日のスタートです。そのスタート時点で、心をこめて元気なあいさつができなければ、「原因結果の法則」から、その日1日の負けの原因を作ってしまうのです。

あいさつは、「今日も1日、自分に挑戦し、皆を盛り上げて勝つぞ！」という自分自身と周りの人への決意表明みたいなものです。

あいさつをする場合、守るべき基本的なルールがあります。

相手の目の前まで行って、目を見て心をこめて、元気よくやることです。そうすれば、相手にあなたの誠意と決意が伝わり、その姿勢に感謝し、評価してくれることでしょう。

あいさつは、相手に理解されて初めて、あいさつとして成り立つのです。

照れくさくてすぐにできない人は、ひとりになったときに鏡の前で、何度も練習してみてください。

「あいさつがきちっとできるようになれば一人前」と、よく言われますが、良いあいさつができるようになれば、仕事ができる人としての第一歩を踏み出したことになります。

2 一番冴えている時間に頭を使う

▼同じことをするにも、スピードや成果がまったく違う

第4章「朝一番！　会社に着いて、やるべきこと」の中の「4　スケジュールの組み方が戦略的かどうかをチェックする」でも、考え方の一部を紹介しましたが、頭を使う作業は午前中に集中的にやるべきです。

理由は、午前中が1日の中で頭が一番冴えている時間帯であり、また、午後以降になると、その日のうちにやらなければならない急用がどんどん出てきて、落ち着いて頭を使う作業ができなくなる可能性が大であるからなのです。

仕事では、体を使う作業も大事ですが、頭を使って戦略的・効率的・効果的にやることは、もっと大事です。

それは、新人にも言えるのです。逆に頭を使わない新人は伸びません。新人が早く目標を達成できる人になれるかどうかを判断するのに、私はまず、その人がどれだけ頭を使って仕事をしているかを見ます。

役職や責任が大きくなればなるほど、頭を使うことの重要性は増します。社長や組織のリーダーであれば、最も大事な作業が、頭を使うことになるのです。頭を使わなければ、ついつい無駄なことや効率の悪いことをしてしまうからです。頭を使っていませんから、無駄であること、効率の悪いことなどにすぐには気がつかないのです。

私も執筆や企画を考える時間はいつも午前中に充《あ》てています。

同じことをするのに、朝とお昼以降では、スピード、生産性、論理力、文章構成力、創造力、統率力などにおいて、成果がまったく違ってくるのです。

私の場合、朝の時間帯のほうが、昼以降より倍近く頭脳面での総合力が上回っている感じがします。実際、仕事のアウトプットを見ても、それは明確に出ています。

3 朝に文章を書く習慣をつける

▼書く能力が高まれば、話す能力にも大きな効果が出る

頭を使う作業のひとつに文章を書くことが挙げられます。

しかし、単なる頭を使う作業とは違います。自分なりにしっかり考え、読む人にわかってもらえるように書く工夫と、独自の創造力と文章力が必要になります。

当社では社員に、業務日報を、遅くとも次の日の午前中に出すよう義務付けています。なぜ、「次の日いっぱいまで」ではなく、「次の日の午前中まで」かと言いますと、同じ論理なのです。

業務を行った日の夕方や夜に、疲れきった頭や体で文章を書かせても、いいアイデアや内容の濃いことなど、まず考えられないでしょう。創造力を出し工夫して書くよう指示しても、体力面、精神面がついてこないため、それは無理な要求で不効率になるのです。

であれば、その日はさっさと退社して、気分転換をするなり、休んでもらい、翌日リフレッシュできた状態で文章を考えてもらったほうが、書く側にとっても読む側にとっても、効率がいいのです。

また、毎朝文章を書く時間帯を決め、書くことをノルマにするとよいのです。

仕事が速い人として、最も必要な能力のひとつであるコミュニケーション能力を向上させるために、毎朝文章を書くことを続けていけば、大きな効果が上がります。書く能力が高まるということは、話す能力も高まるからです。

書くこと、つまりアウトプットするためには、まずインプットしなければ、いい内容のものもできません。

したがって、職場で高い問題意識を持ち、よく観察する。そして、しっかり学び、論理的に考えなければなりません。

ですから、コミュニケーション能力のアップのため、短時間でもいいので、毎朝時間を決めて書く練習をしましょう。

業務日報でも、提案書でも、企画書でもいいのです。ダラダラ書くのではなく、忙しい読み手に、その端的さと明確さで感心させるぐらいの文章が書けるよう、毎朝練習しましょう！　それを続けていたら、自然にあなたは、〝できる人〟としての評価を得ていることでしょう。

ところで、文章を書くときに注意すべき大事なことがあります。だれが何のために読むのかを考えて書くことです。つまり、書く側であることを忘れて、読む側の立場になって、どんなものを読みたいのかを考えながら書くのです。

そうすると、ダラダラ書くことも、明確でない文章や論理性のない内容も自然となくなっていくものです。いい文章というものは、一にも二にもわかりやすく、具体的かつ端的なものなのです。

4 重要な会議は午前中に行う

▼短時間で集中して終わるよう、全員が集まる時間帯にする

営業会議や経営会議など、重要な会議を午前中に行わなければならないということを、私は米国で新入社員だったころから、経験上学びました。

日本の大学を卒業してすぐに、米国の大手国際会計・経営コンサルティング会社の本社（ニューヨーク）に就職したのですが、その会社では、大事な会議はいつも午前中に行っていました。午後のほうが参加者にとって便利なときもありましたので、どうして午後に行わないのだろうと不思議でした。

後になってわかったのですが、その理由は、午後はお客様との打ち合わせや営業などで、なかなか皆が揃わないからだったのです。ですので、午後に大事な会議をすると、出席できない人たちが多く、再度会議をしなければならなくなるのです。

万が一、会議に参加できなかった人たちが、忙しくて再会議ができなかった場合、会議で話し合われた大事な情報を共有できませんので、誤解や情報不足から、

大きな失敗やミスを犯してしまいます。

大事な会議は皆で知恵を絞って話し合わなければなりませんが、午後だと、その日のうちにやらなければならないことが気になったり、突然の大事な顧客からの電話に出なければならなくなったりで、会議参加者の集中力がガタ落ちになります。当然、会議に対する思いも散漫になってしまいます。

ですから、無駄な議論を繰り返したり、話が堂々巡りで結論が出なかったりで、時間のロスも甚《はなは》だしいことが多くなるのです。

もし、あなたが、会議の推進役になったり、設定・調整役となったなら、重要な会議は午前中に行えるよう工夫し、参加者に協力を要請するべきでしょう。

ポイントは、朝は参加者全員にとって、貴重な生産性の高い時間帯ですので、短時間で終えられるよう、十分に事前準備をしておくことです。

ちなみに、私がそのような会議を行う場合、万が一のときに備え、あまり議論できなくても結論が出るよう、採決に必要な資料は完璧に準備しておきます。

そうすることで、情報が不十分なために決められないという、議論しても決める術《すべ》がない会議にならないようにするためです。

また、さらに大事なことですが、会議をした以上、いつまでに、だれが何をするのかなどの具体的な行動計画は、絶対に決めるべきです。そうでないと、生産性のない、議論のための会議を何度もやることになり、貴重な午前中の時間を使う意味がなくなるのです。

5 わからないことは、その場で聞く

▼仕事を頼んでくる相手が、午後不在になることを見越して質問しよう

午前中に、上司や先輩から急に仕事を頼まれることは、よくあります。

私が新人だったころは、しょっちゅうでした。

指示されたことをボーッと聞いていて、理解せずに、すぐに了承すると、あとでとんでもないことになりました。

とにかく新人ですから、仕事の知識が少な過ぎて、言葉だけ聞いていても、できるかどうかわかりません。それで、多少細かいことがわからなくても、「あとで実際にやるときに調べるか、再度聞けばいいだろう」という気持ちで、簡単に引き受けてしまうのです。

しかし、実はそのとき、わからないことや細かいことを聞けなかった理由がほかにあるのです。

自分があまりにも知識がなくて、バカだと思われるのが恥ずかしかったのです。

また、言っていることがわからな過ぎたため、質問すると相手の時間をものすごくとってしまいそうで、恐ろしかったのです。

その場では、上司や先輩から、素直での み込みの早いやつということで喜ばれます。

ところが、いざその頼まれたことをやろうとすると、仕事の仕方が全然わからないのです。何がなんだか……と、そのとき気がつきます。

それで真っ青になって聞こうとすると、もう、その上司や先輩は事務所にはいないのです！　客先に行っていたり、出張していたり、長時間の重要な会議に参加していたりで、とても連絡がつく状況ではありません。

私は、新人時代は米国にいましたので、そんなとき、いつもひとりで叫んでいました。

「オー、マイガッド！」（ああ、どうしよう！）と。

そのため、私の当時のあだ名は、「ミスター・オー・マイガッド！」になってしまいました。

通常、仕事での頼まれごとは午前中にされます。

頼む側が、午後から出かけたり、連絡がつかなくなったりするからです。頼まれた瞬間に、それがわかればいいのですが、ほとんどのケースでは相手も午後の予定まで教えてくれません。

したがって、相手が出かける前の午前のうちに、わかるまで徹底的に聞き、きちっと依頼事項とやり方を把握しておきましょう！

バカとか、のみ込みが遅いとか思われてもいいので、確実に、その依頼事項を実行できるレベルまで、徹底して聞きまくり、あとで聞かなくてもいいようにしておきましょう！

第6章

日中！
いつも目標を達成する人の言動

1. 電話はスピーディー、かつ簡潔にする
2. 結論から先に言う
3. 何事も積極的にやる習慣をつける
4. 何事にも誠心誠意で対応する
5. メモ魔になる

1 電話はスピーディー、かつ簡潔にする

▼仕事が速い人の電話は短い。長くても3分、通常1分あれば十分

仕事が速い人かどうか、もっと言うと、同じことになりますが、目標を達成できる人かどうかを判断するのに、ひとつの基準があります。今まで、その基準を使って判断を誤ったことが一度もないくらい、私にとっては確かな尺度なのです。それは、その人の電話のやり取りを聞くことです。

仕事が速い人の電話は、きわめてスピーディーで簡潔です。余計なことや曖昧なことは一切しゃべりません。その場合、電話をかける側も、受ける側も、仕事ができる者同士が多いので、聞いていると気持ちがいいくらい、ハキハキとして、わかりやすくポイントをついています。

逆に仕事のできない人の電話は、特に日中にかける場合、集中力も落ち、暇も手伝って生産性や効率などまったく考えていません。きわめて無駄話が多いのです。

相手ができる人であれば、そんな電話を受けたら、忙しいので嫌がられてすぐに切られてしまいます。

しかし、相手も仕事が遅い人であれば、同じく暇で時間的観念がありませんから、同じような話を何度も繰り返します。

また、世間話や冗談も多いため、できる上司や先輩が聞いていたら嫌になり、その人の評価は最悪となるでしょう。「早く切れ！」と叫びたくなります。

前の職場で、ダメな新人たちが電話をしていたとき、何度もそんな場面に遭遇しました。

もし、あなたが、仕事が速くできるようになりたければ、また目標を達成できるようになりたければ、電話はスピーディーに、端的かつ簡潔にするべきです。

いずれにしても、日中はやることが山ほどあるのですから、一つひとつの電話で時間を潰している暇はありません。

他のできる人はバリバリ仕事をし、どんどん成果を出しているのですから。

私の経験から、**ひとつの電話の対応にかけるべき時間は、相手が大事な質問をしてきて答えなければならないケースを除き、長くても3分で、通常1分もあれば十**

分なのです。

ですから、必要もないのに3分以上電話に時間を使う人を、私は信頼しません。そんな人は、例外なく仕事を大事にしていませんから。

電話での対応は、その人の仕事の姿勢をもろに表します。

仕事が速い人ほど、時間を大切にする人ほど、また忙しいはずの相手を敬う人ほど、電話での対応を効率的・効果的に行うものです。ビジネスでの戦争時間帯と言える日中では、特にそうです。

一番手っ取り早く、優れた電話対応方法を学び、マスターするためには、どうすればいいと思いますか？

周りで仕事のできる人、目標を達成してきた人の電話の仕方を聞いて、まねをすればいいのです。

彼らの電話は、例外なしに間違いなく、スピーディーで簡潔なのです。

2 結論から先に言う

▼ビジネスにおいて、日中は戦争。相手の時間を奪ってはいけない

相手に最も内容が伝わる話し方をご存じでしょうか？

それは、結論から先に言うことなのです。

日本では「起・承・転・結」というパターンに沿って話を展開することが、長い間のルールでもあり、美徳とされてきました。しかし、それは、仕事を効率的にし、目標を達成する観点から判断した場合、大きな間違いなのです。

特に日中は、バリバリ仕事をしている人たちからすると、戦争状態です。超忙しい中、いちいち長い話に付き合って、最後まで聞いている精神的な余裕も絶対的な時間もないのです。

そういう仕事の速い人たちのためには、ポイントをついて、まず結論から先に話してあげましょう！　そのほうが、親切であり、感謝・評価もされます。また、結果的にはそのほうが得をするのです。

あなたが逆の立場になれば、よくわかることです。

忙しいときに、長々話されたらどうでしょう。だんだんイライラし、「結論を先に言え！」と叫びたくなるでしょう。

文学においては、「起・承・転・結」でもいいですが、日中の食うか食われるかのビジネスの競争社会においては、どんな話も、まず結論から言うべきです。もし、聞き手がもっと知りたかったら、結論に行き着くまでの考え方やプロセスなど、どんどん質問してきます。そのとき初めて、彼らが聞きたがっていることにのみ答えればいいのです。

繰り返しますが、ビジネスにおいて、日中は戦争なのです。皆が超スピーディーに仕事をこなそうと必死です。そんな人たちから、とりとめもない話で時間を奪ってはいけません。間違いなく恨まれます。

そんなことをすれば、二度と彼らから、真剣に話を聞いてもらえなくなるでしょう。

時間に敏感な人ほど仕事ができますし、それが目標を達成できる人たちなのです。

もし、あなたも、その仲間に入りたければ、仕事ができる人たちの、また目標を達成できる人たちのルールは守らなければなりません。でなければ、受け入れてもらえないでしょう。

すべきことは、話す内容の順番を変えるだけです。

夜の飲み会と違い、仕事ができる人ならだれもが忙しい日中です。皆が忙しい状況では、結論から先に話すことは、絶対に守らなければならないエチケットなのです。

3 何事も積極的にやる習慣をつける

▼受け身になっては勝てない。目の前にある仕事を全力でこなしていこう

目標を達成できない人は、日中の仕事においても、追われたり振り回されたりしています。結局、追い込まれてミスしたり、期日までに間に合わなかったりで、失敗してしまいます。

私から見ると、うまくいかない理由は明確です。

それぞれの仕事に対して、受け身であり消極的だからです。消極的にやったら、何事も成功できません。

目標を達成させるために絶対に必要なことは、きわめて地味ですが、どんなに忙しくてもどんなに時間的に追い込まれていても、目の前にある一つひとつの仕事を、積極的に全力でこなしていくことなのです。

日中は、さまざまな仕事や指示が職場で飛び交います。真剣に仕事をすればする

ほど、責任を持たされれば持たされるほど、あなたにとって職場は戦争状態になります。いろいろなことが同時に起こり、仕事の優先順位が刻々と変わります。

重要な仕事も多いので、まったく気が抜けません。

戦いで受け身になって勝てますか？

「攻撃は最大の防御」です。とにかく、どんな仕事でも一度始めたら、遂行のための経験がない、知識がない、人脈がない、また予算がないなどの言い訳をせず、なんでもまず積極的にやってみましょう！

そして、ミスや失敗をする。そこから、学べばいいのです。

消極的に嫌々ながらやったり、また何もやらなければ、何も学べません。それこそ、そんな姿勢で仕事をしていれば、将来のための戦力となる経験、知識、人脈などが増えていきません。

とにかく、どの仕事においても、どんどん積極的にチャレンジすることで、大いにミスや失敗をしていきましょう。そして、そこから、実体験として学んでいきましょう。

実際に経験したミスや失敗は、生涯忘れることができない、貴重かつ正確なデータになります。

私も経営者として、社員を定期的に評価します。最も高い評価をつけるのが、何事にも積極的にチャレンジした人です。成功・失敗は関係ありません。

失敗も大いに結構だと思っています。積極的にやった場合の失敗は、時間の問題で必ず成功につながることを、経験的にわかっているからです。

日中は、特に忙しいときです。戦争状態です。

ですから、ついつい仕事に追われて受け身になり、消極的になってしまいがちです。自分から腹を決めて、意識的に努力しなければ、積極的にはなれません。

どうしても積極的になれない人は、考え方を変えてみてください。つまり、どうしたら、自分が職場で感謝される存在になれるか、また、どうしたら職場で必要な存在になれるかを絶えず模索し、そうなれるよう、試しに言動をしてみるのです。

そうしたら、どんな仕事も前向きかつ積極的に全力でやらなければならないことは、おのずとわかってきます。特に日中の忙しい時間帯であれば、あるほどです。

大事なのは、「できません」「無理です」「不可能です」と簡単にあきらめるのではなく、たとえ頼まれたことでも、まず積極的にやってみることです。そして、試行錯誤しながらミスや失敗を通して学び、改良し、どんどん進めていくのです。

4 何事にも誠心誠意で対応する

▼周りの人が困って相談してきたら、短時間でも対応しよう

目標を達成できる人になるためのカギのひとつが、何事においても誠心誠意で対応することであるのを、経験上、私は痛感しています。

特に日中の忙しいときに、一つひとつどれだけ誠意を持って対応できるかがポイントになります。

人間は時間的・精神的余裕があれば、それなりに誠意を持って対応できます。しかし、一度職場で真剣に仕事を始めれば、そのことで頭がいっぱいとなり、直接自分に関係ないほかのことに誠心誠意で対応することは、至難の業となるのです。

それでも、目標を達成できる有能な人になるために、あえて、そのむずかしいことに挑戦しなければならないのです。

そうすることで、とても人間的に成長し、器《うつわ》が大きくなります。そして目標を達

成させることにもつながりなります。

仕事上の目標を達成することは、大事です。しかし、それだけでは、本当の意味での一流の〝できる人〟にはなれないのです。また、そんな余裕のない精神状態では、万が一、一時的に目標が達成できたとしても、長続きしません。

真の目標達成の達人になるためには、時とともに人間的にもどんどん成長していかなければなりません。年齢は関係なく、死ぬまで成長するのです。人間的成長を望まなくなれば、その人はもう目標に向かって努力しなくなっている証拠なのです。

具体的に言います。

自分が日中、戦争状態で急ぎの仕事をしていたとしても、周りの人が困って相談や助けを求めてきたら、無視したり、あしらったりせず、とりあえず短時間でも冷静に聞き、応対してあげましょう。

その上で、あなたの多忙な状況を説明し、仕事が一段落したら、さらにじっくり話を聞くなり、お手伝いすることを約束してあげましょう。それだけで、相手はとてもありがたく思うことでしょう。

特に日中の忙しいときに、瞬時でも真剣に対応してくれた、あなたの誠意ある態度を見て、周りの人は、あなたがどれだけ人間的にできているか感動を持って知ることでしょう。

あなたの、その一人ひとりを大事にする姿勢を見て、いつしかあなたのファンになってしまいます。

すると、あなたの目標達成のために喜んで協力してくれる存在となります。

ポイントは、年齢・性別・役職・立場などでまったく差別することなく、だれに対しても、そのような誠心誠意の対応を続けることです。

実はそれが、あなたの目標を達成させるために、大きな助けになるのです。あなたの周りに、あなたを心から応援したいと思うファンがどんどん増えていくのですから。目標達成の観点から、これほどありがたい存在、また強力な助っ人になる存在はありません。

何しろ、あなたのすぐそばにいるのですから、今後あなたが困った際には、すぐに助けを求めることができるのです。

5 メモ魔になる

▼**私が会った成功者はメモ魔が多い。忙しいときこそ、新鮮なアイデアが出てくる**

メモ魔になることが成功の秘訣であることを主張する成功者はたくさんいます。現実に、私がお会いしてきた、成功した国内外の一流の経営者、また各界のリーダーたちは、例外なく、皆さんメモ魔でした。

それも忙しい人ほど丹念にメモをとります。いつでもどこでも関係なく、です。

また、日中の忙しいときほど、どんどんメモをとります。おそらく、忙しければ忙しいほど、次々と情報が入ってくるので、メモをとらないと覚えていられないからでしょう。

人間の記憶は、いいかげんなもので、絶対に忘れてはいけない大事なことでも、すぐ忘れてしまいます。また、いいアイデアや提案ほど、あっと言う間に記憶から消えてしまいます。

忙しいときであれば、新しい情報が目まぐるしく飛び交《か》いますから、忘れていくスピードも速いのでしょう。

もし、あなたが目標を達成できる人になりたければ、いつもメモ帳か手帳を持ち歩きましょう。これは、仕事ができる人の基本中の基本です。それで、もし、いいアイデアや案が浮かんだら、すぐに躊躇《ちゅうちょ》なく書き留めましょう。

私は前述しましたが、最近、携帯電話をメモ帳代わりに使っています。電車・バス・タクシーなど、揺れている車中でも、また移動中でも簡単にメモをとることができます。

携帯電話のメール機能を使えば、メモしたものを事務所や家のパソコンに送れます。そして、必要であれば、文章として編集もできますし、印刷してプレゼン資料としても使えます。

また、私は今、毎月1冊以上の本を執筆することにしていますが、本業の自社の経営や顧問先への経営コンサルティング業があるため、日々忙しくてなかなか落ち着いて書く時間がとれません。

そこで考え出した苦肉の策が、移動中や、あまった時間を利用して、携帯電話に原稿を少しずつ打ち込み、事務所や自宅のパソコンに送ることでした。私の場合、原稿を書くのに一番時間を使うのが、章ごとの主なアイデアとキーワードの考案です。

重ねて強調しますが、事務所や自宅で座って構成を練るより、この方法のほうが、比較にならないほど新鮮で斬新なアイデアや案が出てきます。

特に時間があり、ゆっくり考えられる状況より、日中の忙しい移動中にこそ、さまざまないいアイデアが出てくるのです。それをメモしないと本当にもったいないのです。次に思い出せるのは、いつかわかりませんし、往々にして、二度と思いつかないアイデアだったりもするのです。

人の話を聞いているときは、特にメモをするべきです。

聞き手は、メモするために、ポイントをつかもうとして、内容を一生懸命理解しようとします。また、話すほうは、その一生懸命メモをとる聞き手の姿に共鳴して、さらに力を入れて話そうとするのです。

この話し手と聞き手、双方による真剣なコミュニケーションは、戦争のような忙しい日中の仕事環境では、お互いに集中するのに、とても有効です。

第7章

退社前！
追い込みで差をつける仕事術

1 業務日報を毎日書く

▼1日をしっかり反省し、明日への課題を意識する人としない人には差が出る

私が独立前に勤めていた会社では当たり前だった仕事のルールから判断して、最近ビックリする事件がありました。

人によっては大したことではないと思うのかもしれませんが、それは、多くの人が業務日報を堂々と遅れて出すことなのです。それも、ひどい人になると、2カ月間、業務日報を出さなくても平気な人もいます。普通の会社なら、そんな人は即刻クビでしょう。

少なくとも私が前に勤めていた会社では、3日以上業務日報を出さなければ警告、場合によっては減給です。そして、それを再度繰り返した場合、発覚した時点でクビになります。

それだけ厳しいルールがあるところもあれば、会社によっては、業務日報を平気で1週間も遅れて出してくる常習犯をかかえているところもあります。

私が10年間勤めていた際は、出張中の期間は除いて、ただの一度も業務日報を遅れて出したことはありませんでした。

私だけではありません。その会社では、それが当たり前中の当たり前で、私が在職していた期間に、業務日報を遅れて出した人はだれひとりとしていませんでした。とても厳しい会社であったと同時に、上司の厳しさは半端ではありませんでした。

「できないやつ、やる気のないやつは、いつでも辞めてくれ！」が上司の口ぐせでした。

そんな経験をしてきたものですから、業務日報を遅れて出す人の気持ちが、私にはまったくわかりません。

ただ、少なくとも、そんな基本中の基本が守れない人は、目標達成どころか、仕事自体、あまりできない人なのです。

そう考えると、確かに私の周りでも、業務日報を遅れて出してくる人は、例外なく仕事ができない人です。それもかなりできないのです。

やはり「一事が万事」なのでしょう。

仕事の簡単なルールが守れない人は、むずかしいことや大きなこともできないでしょうし、さらに目標を達成できるわけがないのです。

そもそも、業務日報を何のために書くのか理解していませんから、そんなあり得ないことが起きるのです。

業務日報は、文字通り、その日1日に行った業務（仕事）の報告です。しかし、できる人は、単なる上司への報告のためだけに業務日報を書きません。せっかく、その日1日を振り返れるときであり、手段なのです。自らの成長のために使わない手はありません。

つまり、勝負の世界で真剣に生きるスポーツ選手のように、業務日報を書きながら、1日の反省をするのです。単なる反省だけでなく、まず問題点、ミス、失敗を正確に把握し、謙虚に認めます。そして同じ過ちをしないようにするためには、今後どうすべきかの改良点や解決方法まで考えて、記録しておくのです。

しかし、改良点や解決方法が、なかなか浮かばないこともあります。それはそれで、そのように記録しておけばいいのです。大事なことは、毎日、業務日報を書くことで、あなたの意識の中にしっかり留めることなのです。

これが問題意識を持つということなのです。

問題意識を持った人とそうでない人では、仕事面、さらには人間的な面においての成長のスピードが違ってきます。

入社時点ではまったく同じなのですが、中身の濃い業務日報を書くことで、時とともに、どんどん差がついていきます。１年も経てば、だれの目にもわかるぐらい、仕事上の能力や人間性の違いがはっきりします。

やはり、同じ１日の仕事を終えるにしても、しっかり反省し、明日への課題を意識し、再度次の日に挑戦する人とそうでない人とでは、大きな差がつくのも当然といえば当然でしょう。

業務日報を使って反省・向上する人は、ちょうど、毎日階段を１段１段上っていくようなものです。そうしない人は反省・向上をしようとしないですから、業務日報という階段が目の前にあるのに、全然上ろうとしないのと同然です。

もし、１年間に２４０日働いたとしたら、そのふたりの間には、立っている高さの位置に２４０段の違いができてしまうのです。

どちらが目標に近づいているか、明らかではありませんか！

2 やり残したことをそのまま明日に残さない

▼やり残して帰るかどうかで、結局はとてつもなく大きな差になる

早朝から忙しかった職場での1日が、終わろうとしています。この時間は、どんなに仕事ができる人でも、帰る直前になると、急にやり残したことに気がついたりします。

朝、出勤直後に、やるべきことのリストアップをし、1日中そのリストとにらめっこしながら仕事をしていたにもかかわらずです。でもそれは、激動の1日であれば当然かもしれません。

ですから、帰る前に、気がついたことのみならず、**やり残したことがないかどうか、率先して徹底的に確認するべきなのです。**

いいかげんにしてそのまま帰る人と、処理できるまで帰らない人とでは、日々続けていると、結局はとてつもなく大きな差になります。

毎週、月曜日から金曜日まで働いたとすると、月に約20日働くことになります。

そうすると、年間約240日です。

ということは、毎日やり残したことがないかどうか、きちっと確認し、処理して退社した人とそうでない人では、240回分、仕事の差がつくのです。まさに「塵も積もれば山となる」です。

中には、緊急性や重要性のかなり高いものもあるでしょう。対応・処理しておかなければ、翌日職場の人だけでなく、場合によっては外部の方々にも迷惑がかかることもよくあります。

目標を持って達成しようとするなら、「小事が大事」ですから、小さなことでも軽視せず、きちっとやっておきましょう！　その積み重ねが、あなたの評価と信用に直接結びつくのですから。

私は10年間勤めていたときも、独立してから今までの16年間、毎日、帰り際にやり残したことがないかどうかを必ずチェックし続けてきました。そして、もし、やり残したことがあれば、終わるまで絶対に帰りませんでした。場合によっては、なかなか終わらなくて、翌朝までかかってしまい、結果的には徹夜してしまったこともありました。

それほど仕事ができるほうではない私なのに、どうしてこれをやり続けられたのか、よくよく考えてみました。

たぶん「中途半端な仕事をしたくない！」という「国際経営コンサルタント」としてのプライドでもあり、プロ意識、そして、関係者に迷惑をかけたくないという責任感によるものだったと思います。ただでさえ、仕事でミスや失敗ばかりして、周りの人に迷惑ばかりかけてきましたので。

ただ、これは、以前勤めていた国際会計・経営コンサルティング会社では、当たり前のことで、全員がやっていたことです。

やらなければ、責任感のない人間として信用を失い、辞めさせられるのも時間の問題だからです。

それが、お金をもらって仕事をするという**「プロとしての仕事術」**なのです。

「残業しないで目標を達成する」という本書のテーマと、一見はずれるようですが、長い目で見ると残業はしなくても済むようになるのです。

もし、今までできていなければ、今日から実践してください。

そのプロ意識と責任感は、他の仕事にも反映されますから、続けていると目標にどんどん近づく自分を発見することでしょう。

3 明日やることの確認と準備をする

▼必ず人よりも先々のことを考え、事前に手を打つ人が成果を出す

退社する直前は、その日にやり残したことの確認と処理をすることも大事ですが、明日やることの確認と準備も、明日の仕事を充実させ、成果を出すために、とても重要です。

朝出社して、前日までの準備もなく仕事を始めるのと、すでにしっかり順序立てて、御膳《おぜん》立て・準備ができているのとでは、仕事上で成果は大きく違ってきます。

特に、顧客、取引先、上司など、敬うべき方々との作業を進めている場合、早めに相手に連絡をし、十分説明し、納得・了解を得て進めていかなければ、協力してくれません。あなた以上に忙しい人々ですから。

また、十分な確認・準備をその都度していかないと、目上であればあるほど、へそを曲げられたり、相手にされなくなったりします。

たった一度、準備を怠ったために、それまでの苦労が水の泡になってしまうので

す。ですから、心して注意すべきです。

そのために、会社から帰る際に、必ず再度、明日やることの確認をし、必要であれば準備もしておきましょう！ たとえ時間がかかっても、です！

そのためにあなたは雇われていることを肝に銘じましょう。「仕事は戦い」「職場は戦場」であることを、どんなに仕事に慣れてきても、絶対に忘れてはいけません。

それを忘れた瞬間、あなたは足元をすくわれます。とても怖いことです。

朝礼や大事な会議は、朝一番にやることが多いものです。

仕事が遅い人は、そのような会議に必要な資料や原稿を、「早めに出社して準備すればいいや」と思い、前日はさっさと帰ってしまいます。

しかし、よく考えてみてください。

早く出社すれば、必ず資料作りは間に合うのでしょうか？ 意味のある資料ができるのでしょうか？

朝来てパソコンやコピー機の調子がおかしくて、使えなかったらどうしますか？

また、実際に資料を作り始めたら、予想以上に時間がかかったり、必要な情報を入手するのに手間がかかり過ぎたりして、会議が始まるまでに、資料が間に合わないということもあり得ます。

そうなってしまえば、それまでの準備の意味がまったくなくなります。

せっかく慌てて準備した資料も、会議が始まるギリギリまで作業していたため、確認する時間がなくなってしまい、用をなさなくなることもあるのです。

つまり、誤字脱字だらけだったり、大事なポイントが抜けていたり、間違えた表現をしていたり、おまけに、あるべき表示や内容がなかったりという悲劇が起こるのです。

資料を準備したことが、かえって仇になってしまうことも結構あります。

私はそんな場面を何度も見てきました。

そんなとき、会議に参加している人たちは一様にこう思うでしょう。

「なぜ前日のうちに、しっかりと準備しておかなかったのだろう？」

と同時に参加者は、資料提供者に対して、会議で使う資料ひとつまともに準備できない、いいかげんで無責任な人としての評価を下すでしょう。

人間の性格や習性は、なかなか変わらないものです。

資料提供者は、当然そのときは、後悔と大反省をします。しかし、また同じことを何度も繰り返すのです。

退社する際に、明日やることの確認と準備を怠ったために、どんどん信用をなくし、評価を大きく下げていくのです。最後は皆から相手にされなくなります。これは損なことです。

会議の準備をするだけではありません。アポやスケジュールの設定、そして、その確認でも、翌日では「今日の今日」で、遅すぎて間に合わないことも往々にしてあります。

仕事のできる人、ひいては、目標を達成できる人は、必ず人よりも先々のことを考え、事前に手を打ち、準備します。だから、人よりも成果が出せるのです。彼らは知っているのです。仕事を成功させるカギは、事前準備であることを。それも、遅くても前日までにです。

4 身の回りの整理整頓をする

▼仕事に集中するためには、整理整頓が基本

私の4半世紀近くの仕事経験から、100%自信を持って言えることがあります。実は、100%自信を持って言えることなど、そうはないのですが。

それは、1日1日完結できる仕事をしていない職種（たとえば、マスコミや芸術関係など）以外で、身の回りの整理整頓ができていない人は、間違いなく仕事のできない人だということです。

これは、今までさまざまな人を見てきて、はずしたことはありません。

ですから、あなたの周りで整理整頓できない人を、できるだけ多く探して、じっくり観察してみてください。

私の言っていることが、100%合っていることに気づくでしょう。

そんな経験から得た、仕事能力を判断する基準を使って、私は時々退社する際、

社員一人ひとりの机から始まって、彼らの身の回りを遠くからざっくり見渡すようにしています。

仕事のできない社員は、いつまで経っても、身の回りの整理整頓ができていません。それも、そんな乱れた環境の近くで仕事をしなければならないという点において、大変迷惑をかけている周りの人々から何度注意されても、です。

それでは、身の回りを整理整頓できない人は、なぜ仕事が遅いのでしょう？　また、逆に仕事が速い人は、なぜ整理整頓もできるのでしょう？

答えはきわめて簡単で、理にかなっています。

身の回りを整理整頓できていないということは、資料・書類・頂いた名刺などもきちっとファイルされていないということです。つまり、もらいっぱなし、出しっぱなし、ほったらかしなのです。

そうすると、いざ集中して仕事をしようとしても、あれがない、これがないということで、探すのに手間と時間をかけてしまうのです。大事な書類であればあるほど、見つかるまで探さなければなりません。見つからないと仕事を始められないからです。

驚くべきことですが、どの仕事においても、同じことの繰り返しなのです。なんて非効率的なのでしょう！

さらに、必死に探している過程で、それ以外の仕事に関する重要な資料や書類も出しては整理せずに置き、順序もめちゃくちゃにしてしまいます。

ですから、次にその資料や書類が必要になったとき、また探しまくるのです。

こんなことを毎日、場合によっては、毎時間やるはめになります。これでは仕事をしている時間より、資料や書類を探している時間のほうが長いのではないでしょうか。これは悪循環そのものです。

こんなことをしていては、落ち着いて仕事ができるわけがありません。

集中して仕事ができるようになるためには、まず基本中の基本である、身の回りの整理整頓を徹底させる必要があるのです。

私は勤めていた際、仕事そのものができた覚えは決してありません。ですが、上司が整理整頓について特に厳しかったこともあり、毎日、退社時には、他人より徹底して整理整頓をやりました。

ですから、その上司のおかげで、学生のころより、整理整頓のくせがついたため、いつでもどこでも整理整頓できるようになりました。

「どんなに話が上手でも、頭がよくても、身の回りの整理整頓ができないやつは、仕事ができるようにならないから、私は絶対に信用しないし、部下としてもいらない！　もし、君が整理整頓することが苦手だったら、その悪い習性をすぐに直すか、直せないのなら、さっさとうちの会社を辞めてくれ！」

新卒で入った国際会計・経営コンサルティング会社のニューヨーク本社で、初日にいきなりアメリカ人上司に言われました。

確かに彼の部屋は、「すごい！」と叫びたくなるくらい、見事にきれいに整理整頓されていました。仕事で大作業をした直後を含めて、いつもなのです。

「心の乱れは、服装の乱れ、身の回りの乱れ！　仕事で心を集中させたかったら、身の回りをきれいにしなさい！」

というのが、彼の口ぐせでした。

その厳しい上司のおかげで、資料や書類の正確かつ的確なファイリングも徹底させられました。いきなり顧客から電話がかかってきて、仕事上の細かい質問をされても、瞬時に関連資料や書類をファイルから出せるので、即答できるようになりました。

ですから、この上司には本当に感謝しています。

彼のおかげで、突然の仕事のニーズに対しても、迅速に対応できるようになったからです。これは、普段より整理整頓しているからこそ、なせる業なのです。

ちなみに、プロフェッショナルと言われる職業に就いている人なら、だれでもそうしています。できない人は、すぐにそうできるようにするべきですし、できなければ、プロフェッショナルの仕事に向いていないので、転職すべきでしょう。

ただ、**整理整頓という、そんな基本的なこともできない人は、どんな仕事もできない人です。仕事において目標を達成できる人になりたかったら、習性とか性格などを言いわけにしていないで、何が何でも克服して、整理整頓できる人になるしかありません。**

何事も、腹を決めて全力でやり抜けばできますから。

整理整頓のやり方については、うまくやっている人たちの方法を参考にして、自分なりのやりやすい方法を見つけ出してください。他人の方法をそっくりそのまま、まねして使うより、自分に合った方法を、試行錯誤を繰り返しながら工夫し、作り出し、採用したほうが長続きします。

第8章

夜！明日のための時間の使い方

1. 年上の人や上司を自分から誘おう
2. 短期間で人脈を拡大する方法
3. 夜と休日に工夫して時間をやりくりし、勉強に挑戦する
4. 国内外の競合他社の動きをチェックする
5. 人間力を高めるための読書をする

1 年上の人や上司を自分から誘おう

▼本音を聞き出せるベストな方法は、〝ノミュニケーション〟をすること

日中の職場は戦場です。ビジネスは食うか食われるかの戦いですから。

したがって、のんびり仕事はしていられません。万が一のんびりやっていたとしたら、仕事のできる人から相手にされなくなるでしょう。仕事をするスピードやリズムが違うのですから、暇な人のペースに合わせていられないというのが、できる人の本音でしょう。忙しければ忙しいほどです。

上司や先輩は、あなたより責任があり、より高度な仕事をしています。そして、彼らができる人なら、こなさなければならない仕事は山ほどあるはずです。仕事は、忙しいかどうかは関係なく、できる人に集中します。

ですから、忙しい人は、いよいよ忙しくなり、忙しくない人は、どんどん暇になっていきます。

そんなことから、できる上司や先輩は、あなたと比較にならないほど忙しいです

から、日中はとても、説明を要する本音レベルの話を聞けるような状況ではありません。

でも、「先人から学べ！」ではないですが、仕事上のメンターやコーチともなり得る上司や先輩から、仕事のことを学ばないのはもったいないことです。

ちなみに、ここで言う先人とは、上司や先輩を指しますが、せっかく知り合ったのですから、できるだけチャンスをこちらから作って、学ぶようにしたいものです。

誘われるのを待つのではなく、積極的に上司や先輩を飲みに行くこと、つまり〝ノミュニケーション〟に誘ってみてください。部下から誘われるのはうれしいものです。彼らは喜んで時間を作って、つきあってくれるでしょう。それが彼らにとっては、人材育成という仕事でもあるのです。

仕事がどんどん速くなる人、そして早く目標を達成できる人になるための効果的な方法が、いくつかあります。そのひとつは、先人、要するに上司や先輩からどんどん学ぶことです。

成功談や失敗談、また彼らがあなたに期待していることなどの本音を聞き出せれば、勉強にもなり、がんばりやすい明確な目標ができます。

ゆっくり先人から本音の話を聞き出すベストな方法は、ノミュニケーションをすることです。別にあなたが飲めなくてもいいのです。相手が精神的・時間的にリラックスして、気兼ねなく、あなたのために本音で話してくれる環境作りをするためなのですから。

よく覚えておいてください。

あなたは職場で機械と仕事をしているのではありません。完璧そうに見えても、しょせん上司や先輩も「感情の動物」である人間なのです。なんだかんだと理屈を言いながらも、最後はわかるかわからないかで評価し、好きか嫌いかで選んで仕事をしているものです。

上司や先輩も、本音レベルであなたに言いたいことがあるはずです。特に、あなたに期待していればいるほどです。また、お互い真剣に会社や組織をよくしようとしていればいるほどです。

あなたも上司や先輩に言いたいこと、聞きたいことがいっぱいあるでしょう。遠慮することなく、どんどん聞くべきです。上司や先輩は聞かれるのを待っています。

もし、聞きたいことがないとすれば、仕事に真剣に全力で打ち込んでいない証拠です。仕事というものは、やればやるほど疑問や質問が出てくるものですから。

本音レベルでの対話が、実は一番人間関係を深めるのです。ですから、定期的に上司や先輩とノミュニケーションをするべきです。これは、自分のため、また職場のチームワーク作りのためにもなります。ある種の時間とお金の先行投資です。仕事と人生に関する授業を受けるようなものです。私自身も、ノミュニケーションは**「人生大学」の授業**と位置づけ、大事にしています。

あなたもいつか先輩になり、上司になりますから、そうなったら、同じように部下と信頼関係や人間関係を作らなければなりません。本当に一人ひとりの部下を大切にし、団結した職場を作りたければの話ですが。

私は米国にいた際、昼間は仕事をしながら、夜はテキサス大学経営大学院（ビジネススクール）の修士課程・博士課程で学んでいました。と同時に、同ビジネススクールで7年間、財務・会計関連科目を中心に大学院生相手に教える機会を頂きました。ビジネススクールは、専門分野を学ぶのには大いに役立ちました。

しかし、仕事の上で最も勉強になり、成長の糧になったのが、上司や先輩たちとのノミュニケーションでした。米国でもそうでした。

お互い日中は戦争状態で忙しかったのですが、飲みに行き、ここぞとばかりに、疑問に思った仕事の内容や会社のやり方・システムについて、上下関係なく議論し合えました。

また、職場で聞けない上司や先輩の一つひとつの言動も聞きまくり、納得がいくまで説明してもらいました。

職場では、単に感情的になったために起こった言動や、意地が悪いから自分はこういう扱いをされるんだと思っていたことが、実は深い深い大事な理由があったことも知り得ました。もし、そんな本音で話すノミュニケーションという機会がなかったら、一生知り得なかったことでしょう。今考えると、ちょっとぞっとします。

ノミュニケーションは、そういう意味においては、私にとって大事な学びの場です。できる上司や先輩から、さまざまな仕事術や考え方を伝授してもらった、貴重な授業だったのです。皆さんもそうなると確信します。

2 短期間で人脈を拡大する方法

▼講演会や異業種交流会で、運命の人に出会えるようにする

目標を目指してがんばっている人は、常に本物の人脈を広げる努力をしています。目標を達成するために人脈を広げることが、どんなに大事かがわかっているからです。

私は独立する前に勤めていた会社で、大して仕事ができたわけではなかったのですが、スピード出世させて頂きました。

その理由は、明らかでした。

ひとつは力のある上司についたことと、そしてもうひとつは並はずれた人脈があったことでした。力のある上司から評価され、引っ張ってもらえたのも、実は私には、かなりの人脈があったからだと思います。私に実力があったからではありません。

大抵の人は、私の世界的な人脈を知ると大変驚かれます。私自身も、よくここま

で広がったなあと感心することもあります。

きっかけは、私がある講演会や異業種交流会に出て、何人かの著名人と親しくなり、彼らから新たに有力者や著名人をどんどん紹介してもらったことでした。

人脈が広いのも実力だと言ってくれる人たちがいます。

そうなのかもしれませんが、私の場合、能力もないのに高い目標を立てて、公表してきました。自分への挑戦の意味を込めてなのです。

その目標を達成するために、私に手っ取り早くできることと言えば、人脈作りだけでした。昔から、人と仲良くなるのは好きでしたし、得意でした。それも、初めて会った人とすぐに仲良しになるのです。

話を元に戻しますが、あるとき、どうしたら短期間で人脈を拡大できるか、考えに考えました。そして、出てきたアイデアが、講演会や異業種交流会に出まくることでした。

それも、有力者や著名人主催のものです。なぜ有力者や著名人主催がいいのかと言いますと、私なりの目論見があったからなのです。

有力者や著名人の人脈というのはすごいものがあり、通常ひとりの有力者や著名人と親しくなると、さらに有力者や著名人とどんどんつながっていきます。有力者や著名人が主催する、もしくは話をする講演会や異業種交流会には、必ずと言っていいほど、相当な有力者や著名人が来ます。

そのため、参加者もそれを知ってか、あるいは期待してか、他の講演会や異業種交流会に比べると、かなりレベルが高い上、社会的影響力のある参加者も多いのです。ですから、人脈を広げる観点からすると、とても効率がいいのです。

私は夜、仕事を終えるなり、都合がつけばそのような講演会や異業種交流会に、どんどん出てきました。そして、会いたい人がいれば、必ず会えるようにしてもらってきました。

まず、主催者や講演者である有力者や著名人には、覚えてもらえるくらい強烈な印象を与える話をし、すぐに親しくなります。そして、その方から、その場にいる親しい有力者や著名人を紹介してもらうのです。

そうすることで、いきなり、その場に参加している有力者や著名人とかなり親しくなり、後日、再度お会いすることになります。気がついたら、その方々と、とても親しい友人関係になっており、さらには自然と顧客にもなってもらいました。

人脈を広げる方法はいろいろありますが、短期間でそれなりの方々と知り合うには、講演会や異業種交流会への積極的な参加は、すでにご説明した通り、相当効率的かつ効果的な方法です。

そのときのポイントは、人間として好きになってもらい、楽しい関係を構築していくことです。

目標を達成する観点から見たとき、講演会や異業種交流会などに参加することは意義深いものがあります。

より多くの人と知り合えることもさることながら、「運命の人」に出会えることもあるのです。と言うのは、その場で「運命の人」と出会えることもあれば、そこで知り合った人に「運命の人」を紹介してもらうこともあるのです。

ここで言う「運命の人」とは、一生おつきあいをしていく人です。仕事上かもしれませんし、趣味などの個人的なおつきあいになるかもしれません。

それでは、なぜ「運命」と言うかです。

理由はその人と知り合ったことで、生き方や考え方、また夢や目標が変わるからなのです。

私もそのような経験をしました。私の場合、かなり若いときですが、「運命の人」と出会って、将来の夢と目標、すなわち「国際経営コンサルタントになること」が定まりました。

ちなみに、それ以前は、私は英語が大の苦手でしたので、100％英語にかかわらない仕事、たとえば、建築関係の職業につけないかと考えておりました。

しかし、「運命の人」と出会って、その人に勇気づけられ、あえて自分の弱さに挑戦し、その可能性に賭けてみることにしました。

彼と出会わなかったならば、私は米国にも行かなかったでしょうし、米国の経営大学院（ビジネススクール）でも学ばなかったでしょう。もしかしたら、今、恐ろしいぐらい、まったく違う人生を歩んでいたかもしれません。

私が「国際経営コンサルタント」になったことがよかったかどうかは、これからの人生で皆さんに判断して頂くとして、そのおかげで、それまでつまらなかった私の人生が、とても楽しく、意義深いものとなりました。ですから、私は、「国際経営コンサルタント」業を天職だと思っています。

ということで、講演会や異業種交流会の効果のすごさを自ら体験した私は、今でも都合がつく限り、さまざまな会に出席し、人脈を広げ、また新たなる出会いを作る努力をしています。もしかすると、さらなる夢と目標を見つけられる運命の出会いが待っているかもしれませんので。

「人生終わってみなければ、勝ったのか負けたのか、だれにもわかりません。ですから死ぬまで夢と目標を持って、弱き自己に挑戦し続けようではありませんか！ たとえ一時期、人生に負けたように見えたとしても……最後に勝てばいいのです！」

米国の大学で、学長をされている先輩の言葉です。

今がどうあれ、一生の夢と目標を見出し、達成を目指し、努力し続けて生きていきたいものです。その生き方に、本当に素晴らしい人生の価値と生きる意義を感じさせられるからです。

3 夜と休日に工夫して時間をやりくりし、勉強に挑戦する

▼これからは、個人レベルでどれだけ勉強したかが勝敗の分かれ目になる

高度経済成長期やバブル経済期では、会社や組織のために人生を賭けて猛烈に仕事をしていれば、それなりに出世もでき、定年まで安泰でした。

会社や組織が、右肩上がりの急成長を続けていましたから、売上・利益もどんどん増えていきました。

したがって、会社や組織も毎年急拡大していました。

そして、どんどん組織上のポジションも増え、どんどん採用した人の登用ができたのです。逆に人材が足らなかったぐらいです。

多少能力がなくても、また仕事ができなくても、絶対数において人材不足でしたから、ほとんどの社員が出世できました。日本経済にとって古き良き時代だったことは確かです。

典型的な年功序列制や終身雇用制という日本的経営にのっとって、会社、すなわち上司に言われるまま、個人の生活や時間を犠牲にして、残業や休日出勤を続けていれば、ほとんどの人が、ある程度まで昇進昇給を約束されていた時代でした。

しかし、今はまったく違います。

プライベートなことを犠牲にして、会社や組織に人生を賭けても、だれも何の保証もしてくれません。そもそも、あなたのことを評価し、助け、引っ張ってくれるはずの上司までが、将来どうなるかわからなくなってきたのです。

年功序列・終身雇用を約束されていたはずの上司たちのほうがかえって、ルールが急変したため、戦々恐々とした日々を送っています。彼らは「今さら」ということで、あきらめムードに入っているのです。

突然の「窓際族」扱い、「肩たたき」(早期退職命令)、子会社や関連会社への左遷。有名大企業に勤めていても、将来は不確実で、リスクも高くなってきています。

下手に無理して住宅ローンでも組もうものなら悲劇が待っています。将来が見えない転職や独立・起業も怖くてなかなかできません。

減給降格させられても、職場で無能としてバカにされても、また部下に追い越されても、自身にプロフェッショナル（プロ）としての実力がなければ、またリーダーとしての力がなければ、会社にしがみついて生きていく以外、選択の余地がないのです。

これらは、すべて自分自身が実力をつけていかなければならないこと、そして会社や組織に頼っていたなら、もう将来、何の保証もなくなっていることを物語っています。

世の中は大きく変わりました。仕事のルール、出世のルール、組織のルールもどんどん変わっていっています。

しかし、そのことに気がついていない人、また気がついても対応できていない人が、まだあまりにも多いのです。特に団塊の世代に、です。

これからは、会社や組織で生き残っていくためにも、また転職や独立して成功するためにも、退社後や休日の時間をフルに利用して、プロとして、リーダーとして実力をつける勉強が必要不可欠です。

それをしない人は、どこにいても、何をやっても通用しない、しょせん「負け組」

としての人生しか待っていないのです。

職場では、みな同じようなことをしていますから、同じくらい努力していれば、個人の能力の差があるとしても、大したものではありません。大きく差がつく要因が、夜と休日の時間の使い方になります。

明確に目標を定め、それを目指し、どれだけ夜や休日に努力して勉強しているかが大きなポイントとなります。世の中、どんどん変わっていますから、過去の経験・知識・勉強は、もう当てにならないのです。

これからは、個人レベルで、どれだけ勉強したかが、勝敗の分かれ目になるでしょう。

本・雑誌・DVDなどを使って、個人でどんどん勉強してもいいですし、経営大学院（ビジネススクール）を始め、社会人大学（院）などに行くのもいいでしょう。

人によっては、弁護士、司法書士、公認会計士（米国公認会計士を含む）、税理士、中小企業診断士、行政書士などの資格を目指して勉強したほうが、目標が明確で、がんばりやすいという人もいるでしょう。

あくまでもこのように、キャリアのステップアップのために勉強するのでもいいのです。合格しても、実際にその職業に就く必要はありません。合格を目標に、プロとして必要な中身をマスターすることが大事です。

米国で私が仕事をしていたときは、すでにプロフェッショナルの時代、つまり、会社や組織ではなく、個人が実力をつけていかなければ、仕事が続けられない社会になっていました。

ですから、私もプロとして勉強することの重要性を、日々の仕事を通して痛感させられたのです。

そこで、日中は会社に勤めていましたが、夜と休日を利用して、ビジネススクールの修士・博士課程で学びました。その間、米国公認会計士（ＣＰＡ）、米国内部監査士（ＣＩＡ）、米国管理会計士（ＣＭＡ）等の資格の勉強もしました。毎日3時間、毎週土日は2日間で計16時間以上は勉強したと思います。

それを、新卒で就職してから、仕事をしながら、ビジネススクールを卒業するまでの10年間、やり続けました。

おかげさまで、実務を会社で身につけ、理論や応用をビジネススクールや資格試験の勉強を通して学べましたので、「国際経営コンサルタント」として独立した後、どんな仕事の依頼でも、少し調べさえすれば、スピーディーにこなせるようになりました。

能力のない私のことですので、これは、プロとしての訓練の賜物でした。

今、日本も欧米同様、サラリーパーソンもプロフェッショナル化し、専門知識、語学力、コミュニケーション能力、人間関係のマネジメント能力、財務管理能力、統率力（リーダーシップ）などが必要になってきています。

仕事が終わって、気分転換やストレス発散のため遊びに行くのも必要でしょう。しかし、毎日遊ぶのではなく、工夫して時間をやりくりし、勉強だけは怠らないようにすべきです。

目標を達成してきた人は皆、例外なく、勉強に挑戦してきたことを忘れないでください。

特に、今後、どこの会社や組織でも、プロとして、リーダーとしての実力をつけた人が強く求められます。また、その実力がある人のみ、どこに行っても確実に生き残れるのです。

ですから、今、プロとして、リーダーとしての勉強は徹底してやるべきなのです。

手遅れにならないうちに。

4 国内外の競合他社の動きをチェックする

▼業務時間外に、どれだけ組織に貢献できる要素を作れるか

21世紀になって、グローバル化、ボーダレス化はいよいよ進んでいます。それも、20世紀とは比べものにならないくらいのスピードでです。中小企業のビジネスであっても、競争は国際的になりつつあるのです。

創業して数年しか経っていない私の顧問先であるベンチャー企業数社も、すでに国際的な競争は避けて通れなくなっています。

ひと昔前までは、国内での競合他社の動きだけをチェックし、彼らに勝つために戦略を立ててさえいればよかったのです。が、今は世界的レベルで、競合する技術・商品・システム・サービスを徹底的にチェックしなければ、知らないうちに打ちのめされることになります。これはとても怖いことです。

要するに、海外の競合他社の動きを知らなかったでは済まされないほど、熾烈《しれつ》な国際競争化時代に入っているのです。

ビジネスは、食うか食われるかの超シビアな世界です。

ですから、戦場が国際化した今、競争相手が海外にいれば、彼らに勝つための研究をし、戦略も立てなければならないのです。その第一歩として必要なのが、国内外にいる競合他社に関する情報収集です。

仕事上、競合他社の動きを把握しようとするのは、当たり前中の当たり前なのです。

仕事が速い人は、職場を離れてからも、競合他社の動きを努力して徹底的に研究しています。

常に、どの競合他社において、競合の技術・商品・システム・サービスが、今、どの程度・どの段階なのかの正確な情報を入手し、どうしたら自社が勝てるかを考え続けています。

競合他社の動きを調べ、分析することは、とてもいい勉強になります。場合によっては、いいとこ取りもできるのです。

逆にあなたにそれができなくても、競合他社のできる社員は、そうすることで、大きく自社に貢献していることでしょう。

私も、国際会計・経営コンサルティング会社に勤めていた際、勤務時間外に絶えず競合他社の動きを研究していました。

特に、彼らが新しいことを始めた場合、我々もやるべきかどうかを提案するために、徹底的に彼らの新しいサービスに関する情報をとり、戦略を練り提案しました。

それをしないと、競合の優位性ということで、あっと言う間に、競合他社から取り残され、彼らの新しいサービスによってクライアントまで失ってしまいます。

「業務時間は忙しくて、調べる時間がありませんでした」

プロの世界でそんな言い訳が通るものではありません。

そんなことを言い訳にしていたら、「私は業務時間しか仕事ができない無能な人間です」と言っているようなものです。

プロにとっては、日中の業務時間外に、どれだけ会社や組織に貢献できる要素を作れるかが勝負なのです。

であるなら、夜は、非常に貴重な情報収集活動に使うべき時間帯なのです。

目標を達成できる人になりたければ、プライベートな時間である夜を使って、仕

事に必要な情報、特に競合他社の情報をとるぐらいの気概と行動力がないといけません。

結局、それが目標を達成できる人とそうでない人との大きな違いにもなるのです。

5 人間力を高めるための読書をする

▼日々の仕事に、どんどん応用できる読み方

私はできる人とそうでない人との決定的な違いのひとつに、人間力を高めるための読書をしているかどうかが挙げられると、常日頃、思っています。

もし、あなたの周りにできる人がいたら、調べてみてください。その人は間違いなく、人間力を高めるための読書を実践しています。

逆も真なりです。できない人がいれば、その人も調べてみてください。その人は、例外なく人間力を高めるための読書をしていない人です。

それだけ、人間力を高める読書をしているかどうかは、仕事のできるできないを左右するのです。読書も仕事も高い問題意識を持つことが、成功のポイントになるからです。

それでは、人間力を高めるための読書って、なんだかわかりますか？

知識だけを増やす単なる読書とは違います。

1冊1冊読み終わる度に、人間的に成長する読書の仕方なのです。もちろん、知識も増えますが、それ以上に、感動・共感・反省・決意をすることであり、頭でなく、心で本を読むことです。つまり、知恵が増し、聡明になっていくのです。心で本を読む人は、読めば読むほど、どんどん人間的に成長していきます。仕事もできるようになっていきます。

夜、心が落ち着いているときに、そのような読書を、日々努力して続けていくと、人間として力もついていくでしょう。当然、プロとして、リーダーとしてもです。

できれば、本を読んで感動・共感・反省・決意したことをノートに書いてみましょう！　さらに効果が上がります。

頭の中と心の整理になり、問題点やポイントが明確になります。読んだ本をより深く理解するための助けにもなることでしょう。また、自分の心の動きをつかむためにも、人間的な成長の度合いを確認するためにも、とても有効な方法だと思います。

人間力を高めるための読書では、感動・共感・反省・決意をしながら本を読みます。ですから、続けていくと、自然と高い目標を定めたくなり、その目標を達成しようとする、ものすごいやる気も出てきます。しかも、そのような読書を続けていけば、そのやる気も継続的に維持されるのです。

また、そこで得た方法、考え方、技術などは、日々の仕事に、どんどん導入・応用できるのです。それも、感動・共感・反省・決意を持ってです。

読むジャンルは、好きな分野であれば、なんでもいいと思います。

ただ、私の経験から言わせていただくと、特に効果が上がる分野は、偉人伝、自己啓発、仕事術、成功術、経営学、成功・失敗談、哲学、思想、心理学関係でした。

世界的に偉業を成した超一流の経営者やリーダーたちは、彼らが成功できた理由として、よく語ります。人生のどん底にいたとき、たった1冊の本との出合いによって、どれだけ目覚め、奮起して夢や目標を持ち、達成するために邁進《まいしん》できたかを。

彼らが言わんとしていることは、明らかです。

要するに、「人間力を高めるための読書というものは、読む人に大きな夢と希望と勇気を与えてくれる」ということなのです。

第9章

就寝前！休む最後まで活用する意気込み

1 反省・決意のための日記を書く

▼文章にすることで、夢は現実味を帯びてくる

私は、就寝前を、その日1日の総決算としての反省と、翌日、さらにがんばる決意をする時間に充《あ》てています。

特に1日の勝負はスタート時点である起床時にかかっています。私の場合、きつくても辛くても、決めた時間に起床し、起床直後から一挙に戦いをスタートさせることにしています。

そのためには、心の準備として、前夜、就寝前の反省と決意が必要なのです。より効果的な反省をするためには、単に頭の中で1日を振り返るだけでなく、それを文章化すること、つまり日記を書くことがいいのです。

特に反省のポイントを整理・把握し、明確にきちっと書くことによって、起こしたミスや失敗をしっかり認識できます。日記は、同じミスや失敗を繰り返さないためにも、とても有効なツールなのです。

ここでぜひ、振り返ってもらいたいのです。

今まであなたの思いや考えが一番まとまったときのことを、です。

それは例外なく、落ち着いて自分のその思いや考えを書いていったときであるはずです。単に心の中で振り返ったり、考えたりしているときではありません。

日記にすることの利点は、反省するために、起こった事実を明確にし、正確に把握できることです。なぜ、そのことは起きたのか、また、なぜ自分がそのミスや失敗をしてしまったのかなどを冷静に分析しなければなりません。

正確かつ明確に、1日に起きたことを把握・分析して反省できたら、もっと大事なことが控えています。

それは、決意をすることです。

単なる夢や、どうでもいい目標にしないためにも、その決意も文章にする必要があります。文章にすることで、いいかげんさや曖昧さがなくなり、現実味を帯びていきます。逃げないでしっかり自分と向き合えるのです。

そして、心身ともに、やらなければならないことを認識させ、銘じるのです。

私も高校3年生のときから、このような日記をずっと続けています。ちなみに、私はそれを「反省・決意日記」と呼んでいます。

反省することを通して、それまでいいかげんにしてきた自分の短所や欠点がよく見えました。そして、どう克服するか、毎日考えさせられてきました。

何百回、何千回と同じような反省と決意をしました。なかなか目標も達成できませんでしたが、結果的には達成することができました。

もし私が、「反省・決意日記」を書き続けてなかったならば、夢も目標も達成できなかったことでしょう。

もちろん、今でも、まだまだ反省・決意しなければならないことが山ほどあります。が、この「反省・決意日記」を続けてきたおかげで、必ず夢も目標も達成できる自信があります。それは、体験から裏付けられた自信なのです。

ぜひ、皆さんも「反省・決意日記」を書いてみてください。

私のように何度も何度も同じ反省や決意をすることになるかもしれませんが、やり続ければ、夢や目標は必ず達成できますよ！

「反省・決意日記」は、一種の自己暗示に近いツールなのでしょう。

ですから、今までの自分ではできないことでも、何度も何度も自己暗示をかけていくうちに、できるようになるものです。

これは特に、就寝前にやると精神統一ができて、最も効果的なのです。

2 家族と対話をする

▼わずかな時間でも対話に充てることで、家庭はしっかりする

最近は共稼ぎの夫婦が増えています。それで、お互い戦争のような1日を過ごし、疲れきって帰宅します。夢や目標に向けて毎日必死なのです。ですから、ついつい家庭や家族のことはおろそかにしてしまいます。別にどうでもいいわけではありません。いいかげんな気持ちでもないのです。精神的にも、体力的にも、時間的にも、ギリギリなのです。1歩家に入ると、とてもじゃないですが、家族に気を使う余裕が出てこないのです。そのくらい疲れきってしまうことが多いのです。

確かに夢や目標を達成させるため、毎日それらに向かって突き進むことは、とても大事だと思います。将来のために、若いうちにやっておかなければなりません。

しかし、よくよく考えてみてください。夢や目標に向かってがんばれるのも、しっかりした家庭があってのことです。家庭が不安な状態で全力は出し切れません。

それを忘れて仕事に没頭していると、突然、家庭に不和や崩壊が起こり、足元をすくわれることになります。

仕事はすごくできたのに、そのような家庭的事情でプロフェッショナルとして続けられなくなった人は、実に多いのです。

前に勤めていた会社の私の先輩も、仕事では抜群の成績を残しておきながら、徹夜で仕事をして帰ったら、悲劇が待っていました。

奥さんが「もう、仕事しか興味のないあなたにはついていけません。さようなら……」という手紙を置いて、2歳になる子どもといっしょに蒸発してしまいました。その直後、その先輩は、やる気を失い、会社を辞め、世捨て人同然となりました。

彼にとっては、実は愛する奥さんと子どものいる家庭が生きがいだったのです。ですから、家庭がなくなって、生きがいを失ったのです。生きがいがあったからこそ、猛烈に仕事をがんばることができていたのです。

では、家族といい関係を築き、家庭を安定させる方法をご存じでしょうか？

いくつか方法はあるかもしれませんが、私は、すべては対話がカギになると確信しています。逆に言うと、どんなに家庭のために時間を使おうと、また奉仕しようと、しっかり対話ができていなければ、迷惑、誤解、余計なお世話になってしまいます。

私が最も尊敬する人で、20代で大組織のトップリーダーのひとりになってから、1年365日のほとんど、深夜まで家に帰れなかった方がいます。しかも、それが50年以上も続いたのです。

普通なら、そんなことを続けていたら家庭崩壊です。米国なら間違いなく離婚です。

しかし、その方の家庭は、私が今までに知った家庭の中で、一番素晴らしいのです。すごく安泰なのです。

奥さんも聡明でしっかりされていますし、お子さんたちも、お父さんの模範的なリーダーとしての姿を見て、素晴らしいリーダーの卵に育ちました。

あるとき、その秘訣を私は聞いてみました。以下がその方の回答です。

「家庭円満のポイントは、いっしょにいる時間の長さでもないし、ましてお金や物をあげることでも、何かをしてあげることでもありません。毎日、少しの時間でもいいので、できるだけ誠心誠意の対話をすることです。忙しい中、仕事で大変な中、相手のことをわかろうとするその努力と強い愛情は、家族を感動させ、尊敬の念を抱かせ、絶対に崩れない信頼関係を生み出します。会えなくても、いっしょに過ごせなくても、相手を理解し、サポートしようとすれば家族が精神的に団結するのです」

確かにその方のことを、奥さんとお子さんたちは、夫として、父親として、またリーダーとして、強い尊敬の念と深い信頼感を持って、見守られてきたのでした。いつも家にはいらっしゃいませんでしたが。

彼がされたことは、夜帰宅して、短時間ですが、就寝前に奥さんとしっかり対話をしたということです。お子さんたちにも、土日の就寝前に同じことをしてきたのです。奥さんやお子さんたちの相談に乗り、限られた時間で、誠心誠意接してこられました。

またあるとき、また別の大組織の元リーダーがおっしゃいました。

「大きな仕事をする人ほど、余計に家庭を大事にしなければなりません。家庭が揺らいでいては、仕事にすべてを賭けられないからね……」

歴史に残る命がけの波瀾万丈な人生を送られてきた彼の言葉には、心から感動させられました。

まず、家庭ありきです。家庭を大事にできなければ、最終的には、夢や目標も達成できません。万が一、最初の夢や目標を達成できたとしても、意味をなさなくなってしまいます。

就寝前のわずかな時間を家族との対話に充《あ》てるだけで、家庭の基盤はしっかりしてきます。目標を達成するためにも、家族のためにも、毎日、対話は欠かさないよう努力していきましょう!

3 親友との意見・情報交換と励まし合い

▼どれだけ親しい友人を抱えているかで、あなたの魅力が測れる

すでに述べましたが、仕事は戦いで、職場は戦場です。場合によっては、あなたの周りには、仕事上のライバルばかりなのかもしれません。仕事自体が戦いですから、当然のことでしょう。

その中で、あなたにとって生きていく上で、また仕事をしていく上でも、貴重な宝となり戦力となる存在があります。それは、気兼ねなく常時意見や情報を交換し合え、また励まし合える友人なのです。

逆に、どれだけそういった兄弟のような親しい友人を抱えているかで、あなたの人間としての魅力が測れます。

そのことは、前に勤めていた直属のアメリカ人上司からいつも言われていました。

「何でも言え、協力し合える親しい友人を多く作りなさい。それが君の将来のかけ

がえのない財産になるから」

勤めていたときも、上司のその言葉は、頭の中では理解はできていました。でも、実感できていませんでした。

しかし、独立後、本当に、そのような友人がどれだけ私の精神的・経済的助けになったか、計り知れません。

今でも私には、兄弟とも言えるくらい親しい友人が何人かいます。

彼らの職業はまちまちです。国際弁護士、公認会計士、税理士、経営者、経営コンサルタント、政治家、ベンチャー・キャピタリスト、エンジェル（個人投資家）など、約50人で、たまたま知り合った人たちです。

私が「国際経営コンサルタント」というプロフェッショナルな仕事をしているためか、プロフェッショナルな仕事をしている人とは、とても気が合います。ですから、友人も自然とプロフェッショナルな仕事をしている人ばかりになってしまうのです。

でも、ほとんどは、日米の学校時代の後輩・同級生・先輩と、仕事とボランティア活動で知り合った人たちばかりです。とても気が合い、お互い、いつでもどこでも遠慮なく意見が言え、情報交換もできるのです。

毎日、戦争のような職場ですが、彼らと常に連絡を取り合っています。電話、ファクス、Eメール、携帯メールなど、その時間帯で最も有効な方法でです。特に助かるのは、どんな時間帯でも、どこでもお互い喜んで連絡し合えることです。

ですので、彼らとは、毎晩、寝る前に意見や情報交換をします。話しているとお互い熱くなって、ついつい夢を語り、励まし合ってしまいます。

よく「経営者は孤独な存在」と言われます。まったくその通りだと実感します。私もその経営者の端くれですので、親友からの意見・情報・アドバイス、さらには激励がどれだけ心強いか、また、そのおかげで、どれだけ翌日もがんばる気になるか、わかりません。本当にありがたい存在なのです。

勤めていた際に、上司に真の友人を作るよう、さんざん言われていました。ですから、真の友人作りには力を入れ、結果的には、紹介したように約50人の親友ができたわけです。

仕事上、彼らには、毎晩、助けられています。彼らの中には、各分野での専門家もいれば、経営者として経験豊富な先輩もいます。

したがって、翌日に必要な情報やアドバイスが、就寝前に簡単に聞けるのです。本来ならお金を払わなければならないのでしょうが、彼らは、兄貴分・弟分また親友として心配し、助けてくれていますから、そんなことでお金は一切受け取りません。

ただ、私も彼らに対して同じようなことをしています。

私の専門分野、国際ビジネス、ベンチャービジネス、経営コンサルティングなどに関しては、彼らに対して、いくらでも支援し、アドバイスもします。深夜を含め、いつでもどこでも、です。

つまりお互い様なのです。

ちなみに、人を励ますということは、自分もがんばらなければならなくなります。これは、自分で自分を励まし、ハッパをかけているのと同じ効果があります。ですから、どんどん友人たちを励ましていきましょう！

私も体験していますが、**そのような親友との意見・情報交換と励まし合いは、夢や目標を達成する上においても、抜群の効果があります。**

「皆がんばっているのだから自分もがんばろう！」と奮起できるからです。

お互い日中は忙しいので、特に夜寝る前に連絡が取り合えるようになると、時間的に助かります。また、翌日への仕事に対するやる気を引き出すのにも、効果があります。

4 寝る前に情報力をつける

▼今のトレンドを理解し、自分の言葉で説明できるようにする

就寝前は1日のうちで、最も落ち着ける時間帯でもあります。後はゆっくり寝るだけですので。そのときに緊張をほぐして、のんびりしたいものです。

しかし、ただ毎晩ボーッとのんびりするだけでは惜しいものです。そんなときこそ、大事なのに、日中忙しくてなかなかできないことをすべきです。

そこで目標を達成できる人になるためのひとつの方法として、おすすめしたいことがあります。テレビ、ラジオ、インターネット、新聞（特に夕刊）、雑誌、本などのマスメディアから、知っておくべき情報やほしい情報を得ることです。

特定の分野の情報のみならず、今ホットな分野など、ビジネス以外でも、あなたが仕事上気になる関係の情報も、です。

ランダムに選んで調べるのです。

たとえば私の場合、毎晩寝る前に、インターネットで知りたい情報のキーワードを使いながらネットサーフィンをすることで、さまざまな情報を得ています。これが仕事上、とても役に立っています。毎日書く企画書や報告書などに組み入れると、中身が見違えるほどよくなります。

また、私は日中やっている会社経営と経営コンサルタント業という本業以外に、執筆活動もしていますが、本のタイトル・項目・内容を決めるのに、欠かせない情報源になっています。

今のトレンドや注目を浴びていることの最低限の情報ぐらいは入手しておかないと、世の中の動きから取り残されてしまいます。

また、世の中で起こっている大きな事件や問題をよく理解し、自分の言葉できちっと説明・議論できるくらいにしておかないと、できる人としての評価は得られないでしょう。

既に述べましたが、世の中には偶然はなく、物事はすべて必然で起こっています。つまり、なんらかの原因があるから、それに順応した結果が出るのです。若い人たちの間で流行っていることも、すべて必然的に起こっています。

できる人を目指すなら、流行っていることや最新のトレンドについても、しっかり把握しておくべきです。なぜ流行っているのかについて自分なりに分析をし、だれに対しても簡単に説明できるくらいにしておくのです。

そのために、毎晩寝る前にマスメディアから徹底的に情報を入手しておきましょう。

日中だと職場は戦争状態ですから、忙し過ぎたり緊迫したりしているため、とても落ち着いてじっくり情報収集活動などできるものではありません。就寝前だからこそ、ゆったりと気兼ねなく、落ち着いて情報入手活動ができるのです。

これを毎晩続けていると、情報収集力がつき、評価も高まります。あなたは、最新のトレンドや情報をしっかり理論的に把握できる人間、つまりセンスのある人間として、周りから高い評価を得るのです。当然、その評価は、昇進昇給にもつながります。

私も新卒で就職して以来、テレビ、ラジオ、インターネット、新聞、雑誌、本等から、大きく取り扱われている事柄や最新情報を調べることを日課として、寝る前に毎晩続けてきました。

今でも、気になる情報があれば、就寝前に納得がいくまで徹底的に調べます。

その経験を通して、自信を持って言えることですが、いい情報や意義深い情報を素早く入手するためには、毎日積極的に調べ続けることがポイントになります。

エピローグ

私は、高校を卒業するまで超劣等生で、勉強、試験、スポーツ、遊びと、何をやってもダメでした。そんなダメ人間でしたので、目標を持つこともしませんでしたし、持ちたいとも思えませんでした。

「どうせ目標を持ったところで、僕に達成できるわけがない！」とあきらめていたのです。

ところが、あるとき、その後の人生を変える、私にとって大事件が起きました。

私は勉強が苦手で、学校での成績はいつも学年で最下位でした。普通の人に比べると、理解力と記憶力が著しく劣っていたのです。ＩＱテストもまったくできなかったのを、今でもはっきり覚えています。

さらに国語と英語が大嫌いで、恥ずかしい話ですが、両科目とも中間・期末試験ではずっと赤点を取り続けてしまいました。

ところが高校3年生のときに、縁あって、英語を駆使して「国際経営コンサルタント」業で成功していた方と出会いました。すでに英語を使う仕事に憧れるようになっていた私は、自分の能力も考えずに、単純にも、その道のプロを目指すことにしたのです。

その「国際経営コンサルタント」になることが、いつしか私の夢になり、生涯の目標となりました。ところが、当時、成績が悪過ぎて、高校も卒業できるかどうかわからない状況に陥っていた私にとって、それは、限りなく不可能なことだったのです。

私のことをよく知ってくれている方々に相談したところ、能力的に無理だからやめるよう、ことごとく厳しく諭《さと》されました。

しかし、どうしてもあきらめきれなかった私は、腹を決めました。

「このままの生活を続けていたら、僕の人生はみじめなままで終わってしまう。これは、僕が敗者復活できる最後のチャンスかもしれない。このチャンスを生かして、バカで弱い自分でも目標を達成できる方法を見つけよう！」

人と同じような努力をしても、それまで生きてきたダメな人生は、そう簡単に変わらないし、目標も絶対に達成できないと痛感していました。

それからというもの、私は自分で考えた目標達成のために、やるべきことを実践し始めました。できないこともずいぶんありましたが、なんとか挑戦し続けてきました。

その結果、1992年に米国で夢であった「国際経営コンサルタント」として独立し、1997年には日本にも逆進出しました。2000年からは本格的に、東京を中心に日米やアジアで活動しています。

本書で紹介した仕事術のおかげでグローバルにビジネスを展開できるようになり、創業以来、成長を続けたわが社も早17年目を迎えようとしています。

私にしてみれば、本当に不可能を可能にしてきた戦いでした。その戦いに今まで何とか勝ち続けてこられたのは、まさにここで紹介した「仕事術」を実践してきたからなのです。

ボクシングで言うと、私の戦いは、今ちょうど第1ラウンドが終わったばかりで、まだ14ラウンドも残っています。最終ラウンド、つまり人生が終わったわけではありませんので、気を抜けば第2ラウンド以降にノックアウトされるかもしれません。

でも人生の最強の敵である自分自身に最後まで勝てる自信が私にはあります。この本で紹介した必殺技としての仕事術を身につけているからです。

ちなみに、私がこれから本業以外に最も達成させたい目標は、執筆に関することです。具体的には、2012年までに累計100冊以上の自著を出版し、1000万部以上売ることが目標なのです。

すでにお話ししましたが、国語は大の苦手で、高校を卒業するまで、中間・期末試験においてずっと赤点を通してきました。その私にしてみると、この目標は奇跡に近いものです。

しかし、それもここに紹介した仕事術を使って、必ず達成させるつもりです。

このように、バカでダメだった私も挑戦し続けますので、皆さんも私といっしょに、人生の最強の敵である自己に挑戦し続けてみませんか！　お互いやり続ければ、気がついたら、とんでもない大仕事を成し遂げていると思います。

最後に、この本の原稿を1年近く待ち続けて頂いた、PHP研究所の姥康宏氏、並びにアップルシード・エージェンシーの鬼塚忠氏の忍耐力および執筆においての貴重なご意見やご指導に対し、心から御礼申し上げます。

浜口　直太

著者紹介

浜口直太（はまぐち　なおた）

国際経営コンサルタント。株式会社JCI代表取締役社長。

創価高校、創価大学経営学部経営学科卒業。テキサス州立大学経営大学院MBA取得。米KPMGピート・マーウィック、米プライス・ウォーターハウスを経て、米国で経営・起業コンサルティング会社を設立。

その後、東京に「株式会社JCI」を設立し、代表取締役に就任。

日米アジアを中心に総合的な国際ビジネス・経営（起業）コンサルタントとして活動中。現在までに、日・米・アジアで1200億円以上の資金調達と50社以上の上場を支援してきた。

著書に『あたりまえだけどなかなかできない仕事のルール』（明日香出版社）、『仕事と人生を熱くする、いい話』（インデックス・コミュニケーションズ）、『凡人でも上場できる！起業の黄金ルール』（日本実業出版社）、『世界のリーダーに聞いた人生と仕事を成功に導く72の感動の言葉』（学習研究社）、『3週間で人生が変わる朝昼夜習慣術』（ゴマブックス）などがある。

連絡先　株式会社JCI
http://www.jci-inc.com　E-mail：nate@jci-inc.com

浜口直太のブログ　http://ameblo.jp/hamaguchi/

【QRコード】

携帯電話のバーコードリーダーで読み取ると、㈱JCIのメールマガジンをご覧になれます。


この作品は、2006年6月にＰＨＰ研究所から刊行された。

PHP文庫　仕事が速い人のすごい習慣&仕事術
残業せずに目標を達成する技術

2009年2月18日　第1版第1刷

著　者　浜口直太
発行者　江口克彦
発行所　PHP研究所
東京本部　〒102-8331　千代田区三番町3番地10
文庫出版部　☎03-3239-6259（編集）
普及一部　☎03-3239-6233（販売）
京都本部　〒601-8411　京都市南区西九条北ノ内町11
PHP INTERFACE　http://www.php.co.jp/
組　版　朝日メディアインターナショナル株式会社
印刷所　共同印刷株式会社
製本所　株式会社大進堂

ISBN978-4-569-67175-8

PHP文庫

仕事が速い人のすごい習慣&仕事術

残業せずに目標を達成する技術

浜口直太

PHP文庫